Maja Jerrentrup

Fotografie als Methode

Maja Jerrentrup

FOTOGRAFIE ALS METHODE

ibidem
Verlag

Bibliografische Information der Deutschen Nationalbibliothek
Die Deutsche Nationalbibliothek verzeichnet diese Publikation in der Deutschen Nationalbibliografie; detaillierte bibliografische Daten sind im Internet über http://dnb.d-nb.de abrufbar.

Bibliographic information published by the Deutsche Nationalbibliothek
Die Deutsche Nationalbibliothek lists this publication in the Deutsche Nationalbibliografie; detailed bibliographic data are available in the Internet at http://dnb.d-nb.de.

Coverabbildung: Katja Kemnitz, fotografiert von Maja Jerrentrup.

ISBN-13: 978-3-8382-1534-1

Printed in the EU

Einleitung

Nur selten wird von der Fotografie als einer Methode gesprochen, wenngleich sie vielleicht immer gewissermaßen als solche verstanden werden kann: Auf ganz vielfältige Weise sind ihr Entstehungsprozess und ihr Ergebnis Mittel, um neue Situationen zu bewirken oder Erkenntnisse zu erzielen.

Besonders nahe liegt hier wohl die (oft infrage gestellte) Funktion der Fotografie als Beweismittel, zum Beispiel bei Tatort-Fotos oder im Bereich der Anthropometrie und Ethnographie. Darüber hinaus stellen Fotografien auch Ausgangsmaterial zu Analysen dar, beispielsweise, um Bildinhalte zu identifizieren, sortieren, kategorisieren und interpretieren, um dann auf dieser Basis Erkenntnisse zu formulieren, so etwa in der Kunstgeschichte oder der Soziologie.

Die Fotografie eröffnet außerdem neue Blickwinkel, indem sie Zugang zu Situationen bieten kann, die man ohne Kamera wohl nicht betreten dürfte – typisch für den Fotojournalismus und interessant zum Beispiel für die Ethnologie. Methoden wie "Photovoice" legen die Kamera in die Hände derer, zu deren Lebenswelten man Informationen gewinnen möchte. Diese Strategie kommt auch im Kontext gesellschaftlicher Partizipationsvorhaben zum Einsatz – wenngleich dabei häufig nicht klar ist, wie gefiltert ebendiese neue, durch die Fotografie gelieferte Perspektive ist. Zudem bieten Fotografien als Basis für Interviews die Chance, durch Assoziationen und Emotionen besser an Informationen zu gelangen. Auch das Empowerment ist diesem Zusammenhang von Bedeutung: Die Menschen, zu denen geforscht wird, sind nicht passive Forschungsobjekte, sondern werden zu kreativen Subjekten, die mit Hilfe der Fotografie ihre Themen darstellen und ihre Sicht erläutern.

Beim Lehren und Lernen spielen Visualisierungen, darunter Fotografien, ebenfalls eine wichtige Rolle. Studien aus dem Bereich der Didaktik haben ferner gezeigt, dass bei praktischen Fotoübungen besonders gute Lerneffekte erzielt werden können. Hinzu tritt der Bereich der Media Literacy, also der Fähigkeit, Medienzusammenhänge zu verstehen und für sich und andere sinnvoll und verantwortungsvoll nutzen zu können.

Des Weiteren stellt die Inszenierung und Auswahl von Fotografien eine Möglichkeit der Persuasion dar, sowohl, wenn es darum geht, etwas als „echt“ zu präsentieren, als auch, wenn eindeutig Fantasiewelten gezeigt werden. Die Indexikalität ermöglicht es in beiden Fällen, einen besonderen Bezug zur eigenen Lebenswelt herzustellen. So dient Fotografie auch immer wieder der Verführung, sei es in der Politik, der Pornographie oder Werbung.

Im Sinne des psychologischen „Well-Beings“ ist die Fotografie ebenfalls in unterschiedlichen Facetten von Bedeutung: Das Fotografieren selbst kann dabei helfen, sich zu fokussieren, Flow zu erleben, Kreativität auszuleben und Achtsamkeit zu empfinden. Sowohl beim Fotografieren, wie auch beim Fotografiertwerden und Erstellen von Selbstporträts beziehungsweise Selfies wird Identitätsarbeit ermöglicht. Der Selbstwert kann gefördert und gerade in der inszenierten Fotografie aufgrund der Verkörperung von Konzepten auch eine Art Überwindung der eigenen Körperlichkeit erzielt werden.

So zeigt sich, dass die Fotografie in ganz unterschiedlichen Bereichen „methodisch“ zum Einsatz kommt, wobei sich jeweils ganz unterschiedlich Probleme ergeben können: In manchen Bereichen ist die Fotografie historisch belastet, in anderen ihr Einsatz noch zu wenig erforscht, mal ist unklar, wie viel im engeren Sinne fotografisches, d.h. technisches und ästhetisches Grundwissen erforderlich ist, oder wem die Bilder und die mit ihnen verbundenen Daten letztlich gehören sollen. Auch solche praktischen und ethischen Aspekte sollen in diesem Buch verdeutlicht und weitere Anstöße für fachspezifische (Neu-) Evaluationen der Fotografie geliefert werden.

Zwei diffuse Begriffe treffen aufeinander

Ein erweitertes Verständnis der Fotografie zu fördern – darin besteht das Hauptziel dieses Buches. Hierfür treffen die zwei Begriffe „Fotografie“ und „Methode“ aufeinander, die jeweils auf ihre Weise schwierig zu fassen sind:

Fotografie bezeichnet sowohl die Gesamtheit der Produkte des fotografischen Handelns, deutlich in Wendungen wie „die Fotografie hat bedeutende Zeitzeugnisse hervorgebracht“, bestimmte Bild-(zwischen)ergebnisse, wenn man etwa sagt „diese Fotografie spricht mich an“, wie auch eine Art der Kommunikation, wenn beispielsweise davon

die Rede ist, dass die Fotografie generell oder bestimmte Fotografien im Speziellen etwas vermitteln sollen. Außerdem kann Fotografie einen Vorgang bezeichnen, wie bestimmte Substanzen bei Lichteinfall reagieren, aber auch die Aktionen beschreiben, die das fotografische Produkt hervorbringen, wie typischerweise die Deklaration von Fotografie als Hobby zu verstehen ist. Zudem kann auch ein gesellschaftliches Phänomen gemeint sein, was in Sätzen wie „die Fotografie ist heutzutage allgegenwärtig und prägt uns“ zum Ausdruck kommt.
Grob gliedern lässt sich hier in „Fotografie als Ergebnis“ oder „Fotografie als Prozess“. Fotografie im Sinne fotografischer Produkte kann für eine Kunstform stehen, aber auch für das Festhalten visueller Aspekte völlig ohne künstlerische Motivation, kann als Beweis genutzt werden und zugleich als solcher stark infrage gestellt werden. Auch den Prozess kann man unterschiedlich definieren, im engeren Sinne wäre die Fotografie dann das Auslösen des Fotoapparats oder die Einschreibung des visuellen Eindrucks auf den Film oder den Chip. Eine sehr weite Definition hingegen betrachtet die praktische Fotografie als eine Art, mit der Welt in Verbindung zu treten, aufgrund derjenige, der Fotografie betreibt, seiner Umgebung selbst ohne Kamera anders begegnet als jemand, der mit der Fotografie gar nichts zu tun hat. Der Prozess kann ferner sowohl Beruf, wie auch Leidenschaft oder Notwendigkeit sein und kann aus der Sicht des Fotografierenden, Fotografierten oder Rezipienten erlebt werden. Trennscharf ist die Gliederung in Ergebnis und Prozess jedoch keineswegs: Jedem Bildergebnis liegt ein Prozess zugrunde, der immer wieder aufgenommen werden kann und in seiner Bedeutung für das Produkt stark variiert.

Trotz dieser Unschärfen kann man einige fotografietypische Aspekte festhalten:

- Fotografie zeichnet sich dadurch aus, dass sie sich auf etwas räumlich und zeitlich klar Gerahmtes bezieht. Sie kann immer nur einen abgegrenzten Raum abbilden und greift stets einzelne Momente aus dem Fluss der Zeit. Man benötigt zwar Zeit, um eine Fotografie zu betrachten und zu decodieren, aber ihr fehlt die Erzählzeit (vgl. Pandel 2011: 16): Einzelne Fotografien können nicht direkt eine zeitliche Abfolge vermitteln – auch wenn es natürlich Strategien gibt, das (kulturell geprägte) Vorwissen und die zu erwartenden Emotionen des Betrachters einzubinden und sich damit eben doch Narration entwickeln kann (vgl. Baetens & Bleyen 2010: 165). Was nach einer Begrenzung oder einem Mangel klingt, kann auch ein Vorteil sein: “Perhaps the central reason put forward for the proliferation and dramatic uptake of photography is its ability to transcribe the world in a form that is readily portable from one location to another" (Wright 1999: 6).

- Immer wieder wird auch der Bezug der Fotografie zur Realität beschworen und diskutiert. Fotografie erscheint hier wie ein Fenster zur Welt: „Dieser scheinbar unsymbolische, objektive Charakter der technischen Bilder führt den Betrachter dazu, sie nicht als Bilder, sondern als Fenster anzusehen. Er traut ihnen wie seinen eigenen Augen. Und folglich kritisiert er sie auch nicht als Bilder, sondern als Weltanschauungen (sofern er sie überhaupt kritisiert). Seine Kritik ist nicht Analyse ihrer Erzeugung, sondern Weltanalyse" (Flusser 1983: 13f). Wie Vilém Flusser hier beschreibt, wird der Fotografie aufgrund ihrer Ähnlichkeit zum Abgebildeten, vor allem aber auch aufgrund ihrer technischen Entstehungsweise oft unhinterfragt Objektivität unterstellt nach dem Motto „ich habe es mit eigenen Augen (wenn auch nur auf einem Foto) gesehen" (vgl. Kuhn 1985: 26). Und in gewisser Weise ist die Fotografie auch objektiver als andere Formen der Bildgebung wie etwas das Malen: Für jeden Bildbereich wird bei der Fotografie gleich viel Zeit verwendet, kein Korn oder Pixel erhält in seiner technischen Entstehung mehr oder weniger Aufmerksamkeit (vgl. Berger 2000: 52). Letztlich sind es in der digitalen Fotografie nur technisch – in diesem Sinne leidenschaftslos – neu angeordnete Bildpunkte.
  In diesem Kontext fällt oft der Begriff der Indexikalität: Das Fotografierte hinterlässt eine Spur (vgl. Dörfler 2002: 13) zu sich auf dem Film oder Chip in dem „Moment der natürlichen Einschreibung der Welt auf die lichtempfindliche Fläche" (Dubois 1998: 54). Und dennoch ist diese Einschreibung und ihr Resultat auch ein höchst subjektives Unterfangen – bezeichnenderweise kann man dies schon anhand des „Objektivs", das beim Fotografieren eingesetzt wird, verdeutlichen: Das Licht, das durch das Objektiv fällt, wird geformt. Ein Fisheye erschafft einen völlig anderen Eindruck als ein Superzoom-Objektiv, eine offene Blende kreiert einen ganz anderen Look als eine geschlossene. Zahlreiche weitere, bewusst oder unbewusst subjektiv entschiedene Faktoren vom Bildausschnitt über den Weißabgleich, die Belichtungszeit und den Augenblick des Auslösens kommen ins Spiel und das Ergebnis kann man folglich als einen recht subjektiven Eindruck begreifen.

- Die Fülle an Informationen, die Fotografien bieten (vgl. Brake 2009: 370) stellt eine weitere Besonderheit dar. Sie führt dazu, dass „ein Bild mehr als 1000 Worte sagt“, aber erschwert es, dieses Bild die intendierten Worte sprechen zu lassen oder sie zu verstehen – die Information ist stark komprimiert, durch die statische Detailtreue sogar komprimierter als in unserer Alltagswahrnehmung. Dem Fotoerfahrenen helfen verschiedene Strategien der Aufmerksamkeitslenkung von der Platzierung, der Fokussierung bis zur Vignettierung den Rezipienten auf die „richtige Fährte zu setzen“ – dennoch muss dies nicht immer gelingen. So gesehen ist eine Fotografie mit einem Gedicht vergleichbar, dessen Rhythmus, Klang und Bedeutung sich nicht jedem in gleicher Weise erschließt.

Das Verhältnis von Sprache beziehungsweise Text zu Bildern trat in der Visuellen Wende auf die allgemeine Agenda, der die Linguistische Wende vorausgegangen war: „Etwa Anfang des 20. Jahrhunderts erlitt die Welt der Wissenschaften eine erkenntnistheoretische Erschütterung, wie sie zuvor nur durch Immanuel Kants rigide Kritik der reinen Vernunft ausgelöst worden war. Plötzlich war nämlich ins allgemeine Bewusstsein gedrungen, dass man, wenn man mit Hilfe der Sprache und innerhalb des Systems der Sprache Phänomene untersucht, niemals Gewissheit darüber haben kann, ob die beobachteten Eigenschaften nun dem beobachteten Gegenstand zukommen, oder aber Effekte dieser Sprache selbst sind“ (Ströhl 2014: 172). Sprache wurde fortan nicht mehr als neutrales Vehikel betrachtet, und nicht einmal mehr als eine nur dem Menschen eigene Verhaltensform (vgl. Jenks 2005: 1) – die Basis für den “linguistic turn”. Mit diesem Begriff meinte Richard Rorty die Hinwendung der Philosophie zur Analyse der Sprache, „die Sprachabhängigkeit jeglicher Erkenntnis“ (Bachmann-Medick 2019). W.J.T. Mitchell nimmt mit dem Begriff “pictorial turn” auf ebendies Bezug und leitet damit die Neuorientierung hin zum Bild (Mitchell 2009). Zeitgleich mit der Wiederkehr der Bilder im allgemeinen Mediengebrauch rückten Bilder und ihre Art, Sinn zu kommunizieren nun auch ins Zentrum grundsätzlicher wissenschaftlicher Fragestellungen – und doch gelang es bisher nicht oder kaum, Möglichkeiten zu finden, um sich weitgehend ohne Sprache und Text über Bilder zu verständigen. Die oben genannte Informationsfülle mag ein Grund hierfür sein.

- Ein viel diskutiertes Merkmal, das die Fotografie auszeichnet, ist ihre technische Reproduzierbarkeit. Zwar kann man auch beispielsweise Gemälde exakt abfotografieren und somit vervielfältigen – aber es bleibt immer nur ein echtes Original, während die Fotografie kein Original kennt. Dieser Aspekt wird oft mit dem Fehlen der Aura bei fotografischen Werken in Verbindung gebracht (vgl. Benjamin 1963: 11). Der Fotografie fehlt also die Aura, das Einzigartige „Hier und Jetzt", was dazu führt, dass sie weniger sakral erscheint als das Gemälde und daher aufklärerisch und politisch wirken kann (vgl. Jäger 2009: 24) und dass ihr Besitz demokratischer geregelt werden kann. Außerdem impliziert dies die Möglichkeit ganz unterschiedlicher Erscheinungsformen je nach Größe und Trägermaterial und weist auch in die Richtung einer prinzipiellen Unabgeschlossenheit: Auch alte Fotos können in neue Bedeutungszusammenhänge gestellt werden, indem man sie etwa neu anordnet, auf andere Trägermaterialien druckt oder neu bearbeitet.
- Ein weiterer Aspekt zum Wesen der Fotografie, der für unseren Kontext wichtig ist, liegt in den Wechselwirkungen, die Fotografie, Gesellschaft und Kultur eingehen: Fotografie prägt in besonderem Maße unsere Art, uns ein Bild von der Welt zu machen. Sie legt fest, was normal, schön oder hässlich ist (vgl. Jäger 2009: 14 f.) und suggeriert uns Macht oder Besitz. Allerdings bestimmt auch der kulturelle Kontext, wie die Fotografie wahrgenommen wird: Entsprechend fühlen sich zum Beispiel Menschen vor der Kamera je nach Kultur tendenziell geehrt oder eher gedemütigt.

Für das Folgende bleibt festzuhalten, dass der Begriff „Fotografie" ein weites Feld bezeichnet und stets trotz der impliziten Statik („Standbild") Dynamik beinhaltet – Fotografie wird immer wieder unterschiedlich bewertet, ist nie wirklich abgeschlossen, zirkuliert, verändert sich in ihrer Technik und Bedeutung.

Wenn man eine Methode im Sinne von „Medium" definiert – ein (Ver-)Mittler (vgl. Linthout 2004: 54), der zu einer Erkenntnis oder noch allgemeiner zu einer neuen Situation führen kann – ist es offensichtlich: Fotografie kann auch eine Methode sein, und möglicherweise eine besonders fähige, weil sie für fast jeden zugänglich ist und vielleicht oft nachvollziehbarer als andere Methoden.

In seiner Etymologie auf das altgriechische „μέθοδος = Nachgehen, Verfolgen“ rückführbar meint „Methode“ in seiner Grundbedeutung den Weg, auf dem man sein Ziel verfolgt: „Wenn man sich mit Methoden beschäftigt, steht das ‚wie‘ im Mittelpunkt“ (Galuske 2013: 28).
Allerdings wird der Begriff „‚Methode‘ […] ebenso selbstverständlich wie unreflektiert gebraucht. Daraus ergibt sich ein diffuses Bedeutungsfeld“ (Konegen und Sondergeld 1989: 11). Oft erscheint er synonym für eine Technik beziehungsweise ein Instrument, für eine Theorie, Disziplin oder Wissenschaft, oder wird mit Methodologie, der Wissenschaft zu wissenschaftlichen Methoden vermengt. Dennoch können all diese Verwendungen auch ihre Berechtigung haben: Manche Theorien oder Disziplinen etwa definieren sich u.a. auch über ihre Methoden, die Ethnologie beispielsweise über die „Teilnehmende Beobachtung“ als einer Methode, die sie von anderen Disziplinen, die sich mit „Kultur“ beschäftigen, (tendenziell) abhebt. Und wann immer man in einem wissenschaftlichen Kontext seine Methoden erläutert und reflektiert, kommt Methodologie ins Spiel.
Wie es schon anklingt, soll hier einer sehr allgemeinen Definition gefolgt werden: Methode meint in diesem Kontext ein „nach Mittel und Zweck planmäßiges (= methodisches) Verfahren, das zu […] Fertigkeit bei der Lösung theoretischer und praktischer Aufgaben führt (technische Methoden, Arbeitsmethoden, Werbemethoden, Erziehungsmethoden, Methoden der Wissenschaft)“ (Mittelstraß 1984: 876), oder, noch grundsätzlicher, ist eine Methode „eine bewusst gewählte Verhaltensweise zur Erreichung eines bestimmten Zieles“ (Schilling 1993: 65). Dabei gilt dem heutigen Methodenverständnis zufolge selbstverständlich, dass „wissenschaftliche Methoden […] genauso wenig neutral [sind] wie alle anderen Mittel bzw. Medien“ (Tuschling 2020: 173). Bestimmten Methoden liegen Meinungen, Ideologien oder Theorien zugrunde. Wer zum Beispiel davon ausgeht, dass die gerade erwähnte Teilnehmende Beobachtung eine je nach Situation sinnvolle Herangehensweise darstellt, geht auch davon aus, dass es prinzipiell möglich ist, die Perspektive anderer Menschen zu einem gewissen Maße zu übernehmen, dass Menschen also nicht aufgrund ihrer Kultur so grundverschieden sind, dass eine Perspektivübernahme völlig undenkbar wäre. Außerdem wird auch angenommen, dass es ebenso möglich ist, eine professionelle Distanz wahren zu können. Ganz abgesehen von der Umsetzbarkeit geht man ferner davon aus, dass diese Methode im Sinne des (Erkenntnis-)Ziels zu besseren Ergebnissen führen kann als eine andere – besser im Sinne von vertiefter, zeiteffektiver, repräsentativer, handlungsrelevanter oder vieles mehr.

Auch in den Bereichen, die Fotografie als Methode nutzen, liegt ebendem eine Entscheidung zugrunde: Es gäbe oftmals auch alternative Methoden, die vielleicht auf anderen Überzeugungen, Menschenbildern, Theorien oder allgemeiner, Grundannahmen beruhen.
Außerdem spielen sich die im Folgenden beschriebenen Methoden auf recht unterschiedlichen Ebenen ab: Manche von ihnen sind eher grundsätzliche Überlegungen zur Herangehensweise, andere lassen sich hingegen klar formulieren und in Handlungsanweisungen gießen. Manche von ihnen sind längst etabliert, vielleicht aber neuerlich infrage gestellt, andere reflektieren neue Sichtweisen.

Die Fotografie als ein (Ver-)Mittler und damit im weitesten Sinne als eine Methode – nicht (nur) im wissenschaftlichen, sondern im weiteren Sinne – zu verstehen, impliziert, den Fokus auf einen Prozess zu legen. Dieser Prozess kann, muss aber nicht im Fotografieren selbst liegen, sondern auch im Vorbereiten, Rezipieren, Interpretieren, Verinnerlichen etc. Mit Blick auf „Fotografie als Methode" ergeben sich also ganz unterschiedliche Blickwinkel.
Vermischt sich hier bisweilen „Gegenstand" und „Methode"? Tatsächlich, so muss man sagen, sind „Gegenstand" und „Methode" in diesem Buch oft nicht ganz trennscharf. Eigentlich müsste man auch verschiedene Arten von Gegenständen berücksichtigen: Fotografie ist zwar selbst ein Gegenstand, der auf verschiedene Weise eingesetzt oder analysiert wird, aber letztlich bezieht sich die Fragestellung oder Zielsetzung oft nicht auf den Gegenstand „Fotografie", sondern auf andere, sehr vielfältige Aspekte, beispielsweise das Verstehen gesellschaftlicher Zusammenhänge, das Lernen oder das Stärken des Selbstwertgefühls.

Möglichkeiten der Systematisierung

Auf verschiedene Weise lässt sich das Thema „Fotografie als Methode" systematisieren:
Die vielleicht offensichtlichste Systematisierung unterscheidet die Arbeit *mit* Fotos oder *über* Fotos, sowie *mit* dem Fotografieren oder *über* das Fotografieren. Die Varianten „mit" erscheinen der Idee, Fotografie als Methode zu betrachten durchaus näher, aber gehen bisweilen mit dem „über" einher. Auch über die Fotografie oder das Fotografieren zu arbeiten bedeutet ferner nicht zwangsläufig, vor allem etwas über die Natur der Fotografie/ des Fotografierens erfahren zu wollen, sondern beispielsweise

über die Analyse einer Fotografie oder einer fotografischen Praktik etwas über ihre Bedeutung in Kultur und Gesellschaft herauszufinden, damit also etwas über die menschliche Lebensgestaltung zu erschließen – letztlich handelt es sich also bisweilen auch hier eben doch um ein „mit“.

Eine weitere Möglichkeit besteht darin, das fotografische Material zu betrachten. Oft wird hier von nur drei Kategorien ausgegangen, “researcher-found visual material”, “researcher-created visual data” und “respondent-generated visual data” (vgl. Spencer 2011), allerdings möchte ich hier ein etwas differenzierteres System vorstellen, das den verschiedenen Facetten gerechter wird und zudem auch die nicht-(rein)-wissenschaftlichen Methoden besser aufgreift:

- Bestehende Fotografien ohne Fokus auf die Quelle: Hierbei handelt es sich beispielsweise um historische Fotografien, um Bilder aus Zeitschriften oder um Werbefotografien. Neben der naturwissenschaftlichen Analyse oder der Betrachtung als Beweis geht es hier häufig darum, mit Hilfe der bestehenden Fotografien etwas über Traditionen, Normen und Werte in Gesellschaften herauszufinden (vgl. Pauwels 2015: 17).
  Besonders bietet sich dies bei historischer Forschung an, weil hier andere Methoden wie Interviews oft nicht mehr möglich sind. Aber auch rezente Kulturen lassen sich auf diese Weise analysieren (vgl. Jerrentrup 2010). Oft geht es um ein größeres, für die Fragestellung als repräsentativ geltendes Sample, dem man mit Hilfe von Kategorisierungen, zum Beispiel durch Inhaltsanalysen begegnen kann.
- Bestehende Fotografien mit Fokus auf die Quelle: Bei Fotografien, die einen (kunst-)historisch bedeutsamen Status erlangt haben, werden meist vertiefte Einzelbetrachtungen vorgenommen. Der Fotograf, seine Biographie etc. spielen hier i.d.R. eine wichtige Rolle und die Bildanalyse dient oft dazu, etwas über ihn beziehungsweise über seine ursprüngliche Motivation für das Werk herauszufinden.
  Werbung kann ein Mittelding zwischen bestehenden Fotos ohne und mit Fokus auf die Quelle darstellen: Dass Werbung als solche geschaltet wird, also der Einsatz der Fotos als solche, ist für die Analyse von besonderer Bedeutung, so dass dem intendierten Verwendungszweck eine wichtige Bedeutung zukommt – die konkrete Quelle jedoch, welcher Fotograf sie aufgenommen hat, ist dabei oftmals nicht entscheidend.

- Bestehendes privates Material: Bilder aus der Vergangenheit von Informanden oder aus privaten Fotoalben zählen zu dieser Kategorie, die Überschneidungen zum „öffentlichen“ Material zeigt – etwa wenn man eine große Menge alter Fotoalben, die ursprünglich als privat gedacht waren, in einem öffentlichen Archiv oder auf dem Flohmarkt findet und die betreffenden Personen oder deren Nachfahren nicht mehr ausfindig macht, da man die Fotografien eher als repräsentativ begreift. Bestehendes privates Material im engeren Sinne (vgl. Figueroa 2008) dient oft als Basis für Interviews und kann etwa in der Therapie zum Einsatz kommen.
- Initiierte Fotografie: In der Forschung, in der Organisation von Gruppen, in der Therapie u.a. findet dieses Vorgehen statt, wenn die Teilnehmer dazu aufgefordert werden, selber Fotos zu erstellen. Die Vorgaben zum Fotografieren können mehr oder weniger eng sein, aber auch die Vertrautheit mit dem Medium beziehungsweise das fotografische Vorwissen der Teilnehmer kann recht unterschiedlich sein. Soziale Erwünschtheit spielt hier häufig bewusst oder unbewusst eine größere Rolle.
- Selbst aufgenommene Fotografien: Natürlich kann auch ein Forscher, Lehrender, Therapeut, Werbetreibender etc. auch selber, ggf. unterstützt durch einen Profi, Fotografien aufnehmen, um mit ihnen neue Situationen herbeizuführen. Dabei kann die genaue Zielsetzung vor, während oder nach der Aufnahme definiert werden.

In jedem Fall gilt, dass visuelle Medien keinen objektiven Prozessen folgen, sondern i.d.R. an Personen, wie auch an kulturelle Kontexte gebunden sind (vgl. Parvez 2011: 687): Folgt man diesem Gedankengang und berücksichtigt die sich damit ergebende Prägung des entstehenden Bildmaterials, bedeutet dies, dass streng genommen keine Art fotografischen Materials mehr oder weniger angemessen ist in der Weise, wie sie Aussagen über die Realität trifft. Ferner impliziert diese Überlegung, dass es kaum möglich sein dürfte, ein Foto angemessen zu interpretieren, solange man diese Aspekte – persönliche und situative, wie auch den kulturellen Rahmen – nicht einschätzen kann, selbst wenn das Foto etwas augenscheinlich Bekanntes zeigt. Allerdings ist es möglich, persönliche und situative Aspekte in den Hintergrund treten zu lassen, wenn man gewisse Muster ausmachen kann, Bilder also als typisch definieren kann, da sie für eine größere Menge nach bestimmten Kriterien ähnlicher Fotografien stehen.

Nicht immer steht aber das Bildmaterial – die Fotografien – im Vordergrund, es kann auch der Prozess des Bilderstellens sein – was eine Systematisierung, die vom Material ausgeht, verkennt. Folgende Momente im fotografischen Prozess lassen sich unterscheiden:

- Planung: Geht es um Inszenierungen, die zum Beispiel im Kontext mit Identität stehen oder die eine bestimmte Aussage transportieren sollen, ist die Planung von besonderer Bedeutung – das Bild entsteht oft schon vor dem eigentlichen Fotografieren im Kopf. So unterschiedliche Aspekte wie das Erlangen von Zugang zu Situationen, was durch die Kamera erleichtert werden kann, da sie dem Betreffenden eine bestimmte Rolle zuschreibt, bis zum Trainieren und Ausleben von Kreativität spielen in der „vorfotografischen" Phase eine wichtige Rolle.
- Fotografieren: Planen und Fotografieren gehen bisweilen nahtlos ineinander über oder vermischen sich. Beim eigentlichen Fotografieren liegt der Fokus zum Beispiel auf dem Erleben von Flow, Achtsamkeit, Konzentration, aber auch das gemeinsame Erschaffen kann bei Team-Shootings eine Rolle spielen. Dem Fotografieren schließt sich oft noch das Bearbeiten an, das zu jedem späteren Zeitpunkt stattfinden oder wiederaufgegriffen werden kann.
- Bearbeiten: Die Bildbearbeitung ist zwar kein zwingender Schritt, findet aber im digitalen Zeitalter, welches entsprechende Prozesse deutlich erleichtert hat, häufig statt – sei es während der Fotografie, wie es Apps wie „BeautyPlus" ermöglichen, oder beliebig lange nach dem Fotografieren.
- Sammeln, Kategorisieren, Interpretieren: Hier befinden wir uns zeitlich nach dem Fotografieren und betrachten Bilder, die mehr oder minder öffentlich bestimmt sind und sich räumlich und zeitlich mehr oder weniger von ihrer Quelle entfernt haben. Es kann sich um Einzelfotografien oder ganze Foto-Archive handeln.
- Rekontextualisieren: Eine gewisse Rekontextualisierung findet fast immer bei der Rezeption von Fotografien, beim Betrachten, Sortieren und Interpretieren statt. Im engeren Sinne meint dieser Aspekt die Einbindung des Fotos in neue (Präsentations-/Rezeptions-)Kontexte und damit auch neue Aufgaben, die die Bilder übernehmen. Die Fotografie des sterbenden Aids-Aktivisten David Kirby wird zur Benetton-Werbung, ein Bild aus einem alten Familienfotoalbum erscheint in einem Buch über die Geschichte der Mode, eine Bild, das im Rahmen einer

Feldforschung entstanden ist, wird zum Lehrmittel in einem Buch über Partizipation.

Nicht immer geht es bei der Fotografie als Methode um Menschenfotografie, aber in diesem Buch wird der Fokus so gesetzt, dass häufig zumindest Bezug zum Menschen besteht. André Rouillé und Bernard Marbot (1986) folgend kann man Fotografien nach der Rolle des Fotografierten beziehungsweise der Beziehung zwischen Fotograf und Fotografiertem unterteilen:

- Subjekt: Als Subjekt wird dem Fotografierten Individualität zugestanden und Respekt gezollt (vgl. Jäger 1995: 148); und der Fotografierte hat selbst Mitspracherecht bei der Aufnahme und beim Gebrauch selbiger, so zum Beispiel typisch für die private Fotografie, aber auch für die charakteristisch für partizipative Methoden.
- Objekt: Werden Menschen als Objekte fotografiert, geht es meist nicht (in erster Linie) um deren Interesse, sondern die Fotografien können beispielsweise als Beweismitteln in der Medizin, Forensigraphie, Anthropometrie, Ethnographie etc. dienen, oder als Werbematerial zum Einsatz kommen – die äußere Erscheinung der Betreffenden steht also im Vordergrund.
- Element: Hierunter fallen den Autoren zufolge Fotografien, auf denen die Fotografierten als Beiwerk dienen und letztlich austauschbar sind, wie etwa, wenn sie als Maßstab gedacht sind, beispielsweise neben einem Gebäude.

Andererseits kann man die Unterteilung in „Subjekt“ und „Objekt“ auch eher nach dem Miteinander im Fotoprozess oder dem Zweck der entstehenden Bilder gliedern: So spricht man landläufig auch dann von „Objektifizierung“ wenn eine Person sich selbst so inszeniert, dass sie als Objekt wahrgenommen wird, beispielsweise im pornographischen Bereich – und das sogar, wenn die Fotos als Selbstportraits, also unter voller Kontrolle des gezeigten Individuums entstanden sind. Natürlich kann sich die Verwendung von Fotografien im Laufe der Zeit auch ändern, ein Bild, das als private Fotografie aufgenommen wurde – der Fotografierte als Subjekt – später unter einem ganz anderen Gesichtspunkt betrachtet werden.

Ferner kann man natürlich auch eine Unterscheidung entsprechend des genutzten Mediums vornehmen, das – durchaus methodisch relevant – unterschiedliche Situationen, Ästhetiken, Emotionen etc. hervorbringen kann. Daraus folgt, dass es sich also je nach Ziel mal mehr, mal weniger anbietet. Kameras gibt es in ganz unterschiedlichen Variationen beziehungsweise basierend auf verschiedenen Funktionsweisen. Diese Funktionsweisen eignen sich Menschen unterschiedlich und kreativ an, jedoch zeigen sich bestimmte Tendenzen in der Nutzung, welche auch einem Wandel unterliegen können. Die folgenden Begriffe beziehen sich auf unterschiedliche Ebenen und betonen verschiedene Aspekte der jeweiligen Kameraart:

- Analoge Fotografie: Bei diesem Begriff handelt es sich um ein Retronym, eine nachträgliche Bezeichnung zur Abgrenzung. Was aufgenommen wird, spielt also zunächst keine Rolle – was grundsätzlich fotografierbar ist, lässt sich sowohl analog wie auch digital festhalten. Natürlich stellt sich hier die Frage, ob beziehungsweise inwiefern es sich beim dem Begriffspaar „analog" und „digital" um einen graduellen oder einen fundamentalen Unterschied handelt.

  Betrachten wir die Seite des Fotografierenden: Der Prozess hat sich in mancher Weise gewandelt, allein durch die simultane oder nur sehr knapp zeitversetzte Kontrollierbarkeit des Ergebnisses, die der Monitor der Digitalkamera erlaubt. Andererseits sind aber auch viele Aspekte ähnlich geblieben, so etwa die Suche nach dem Motiv und dem passenden Moment, die Entscheidung über gestalterische Mittel etc. Der graduelle Unterschied, dass digital einfach häufiger abgedrückt werden kann, mag aber auch zu einem für den Fotografen fundamentalen Unterschied führen: Er könnte sich angesichts größerer Chancen eines guten Fotos befreit sehen oder aber völlig „verzetteln".

  Heftiger wird meist der Bezug der Fotografien zur Wirklichkeit diskutiert und damit rückt der Rezipient in den Fokus: Für ihn ist ohne zusätzliche Erklärung meist nicht oder kaum erkenntlich, ob es sich um ein digital oder analog entstandenes Foto handelt, phänomenologisch kann er es nicht unterscheiden – selbst ein ausschließlich am PC entstandenes Bild, also gar keine Fotografie, kann er unter Umständen nicht als solches einordnen. „Die Konsequenzen daraus muten verheerend an: Sind nun alle Bilder, denen wir bis jetzt die Fähigkeit zusprachen, uns Informationen über das Reale oder die Welt zu liefern, leer geworden?" (Schröter 2004: 336). Allerdings zeigen der Common Sense und das alltägliche Bilderverhalten, dass dies offenbar (vorerst) nicht der Fall ist.

  Dennoch ist es auch typisch, zumindest bei heutzutage aufgenommenen, analogen Fotografien, dies besonders zu vermerken, um die Interpretation des Rezipienten zu leiten: Offensichtlich nimmt man eine Fotografie anders wahr, wenn man weiß, mit welcher Technik sie aufgenommen wurde. Unter den heutigen Analogkameras gibt es auch solche, die bewusst besonders „rohe“, schnappschussartige Bildlooks produzieren und z.T. mit Spezialoptiken ausgestattet sind wie etwa Modelle der Firmen Holga und Lomography. Dieser analoge Look wird allerdings auch in der digitalen Bildbearbeitung repliziert, so etwa bei Instagram-Filtern, in der App Hipstamatic oder bei den Nik Analog Efex.

- Sofortbildfotografie: Sofortbilder, auch aus der analogen Zeit stammend, wurden aufgrund ihrer ästhetischen Begrenzungen und ihrer fehlenden Reproduzierbarkeit nie zur ernsthaften Konkurrenz für das herkömmliche Positiv-Negativ-Verfahren (vgl. Schrey 2015: 10). So blieben sie vor allem Domäne der Hobbyfotografen.

  Allerdings zählen Sofortbildkameras heute zu den meist verkauften Kameras, die sich vor allem bei Jugendlichen großer Beliebtheit erfreuen: Sie kreieren nicht (nur) Dateien, sondern real existierende Objekte und besitzen damit stets eine fundamental andere Daseinskategorie als rein virtuelle Daten. Als solche Objekte sprechen sie auch stärker die Sinne an – man riecht die Chemikalie, fühlt die Oberfläche des Bildes und seines Rahmens. In dem Wissen, dass es sich um Unikate handelt, sind sie auch besonders auratisch. Die Entwicklung des Bildes vor den eigenen Augen bringt eine besondere zeitliche Dimension mit sich: Man kann dem Bild beim Entwicklungsprozess zusehen, vor den eigenen Augen spielt sich ein kleiner Film ab, in dem das Bild langsam Form gewinnt. Seine Entstehung aus dem Nichts, dem Weißen heraus, trägt schon fast metaphysische Züge.
- Digitale Fotografie: Der Begriff „digital“ erscheint in seiner technischen Bedeutung erstmals 1938 in einer Patentschrift (vgl. Schröter 2004: 10). Als Erfindungsjahr des ersten Bildsensors, das Herzstück der digitalen Kamera, gilt das Jahr 1969 (vgl. Eberle 2016: 13). Doch erst ab der Jahrtausendwende drangen handliche, leicht zu bedienende und günstige Digitalkameras auf den Markt. Digitale Fotografien liegen zunächst nicht physisch vor, bilden also virtuellen Besitz. Dies erlaubt die Handhabung einer sehr viel größeren Datenmenge und macht die Bildbearbeitung auch für den Amateur einfach möglich.

- Fotografie mit Kompakt- und Bridge-Kameras: Ob digital oder analog, Kompakt- und Bridgekameras zeichnen sich durch eine leichte Bedienbarkeit und geringeres Gewicht aus, was sie methodisch interessant machen kann. Allerdings schränken sie den Gestaltungsspielraum stärker ein.
- Fotografie mit Systemkameras: Die Arbeit mit Systemkameras, welche sich durch die Möglichkeit, verschiedene Objektive nutzen zu können, auszeichnen, bietet hingegen mehr gestalterische Möglichkeiten, erfordert aber auch meist höhere finanzielle Investitionen und mehr Wissen, um die Technik angemessen nutzen zu können.
  Viele Fotografen, die mit Systemkameras arbeiten, bleiben einer Marke treu und definieren sich ein Stück weit über sie, hierfür halten Marken auch bestimmte Images bereit. Mit einer (größeren) Systemkamera fällt man als Fotograf stärker auf und wird oft eher als Profi wahrgenommen, was ebenfalls methodisch zu berücksichtigen ist.
- Handyfotografie: Auch hierbei handelt es sich um digitale Fotografie, allerdings zeichnet sich das Handy noch durch einige Besonderheiten aus. Es ist stets präsent, was das Fotografieren auch in Situationen erlaubt, in denen man es nicht antizipiert hat, und das Handyfotografieren ist für viele Menschen sehr viel stärker Bestandteil des Alltags als das Fotografieren mit einer anderen Kameraart. Eben damit ergibt sich eine neue soziale Situation.
  Außerdem legt das Handy ganz bestimmte Ästhetiken nahe, alleine schon durch die handytypische weitwinklige Brennweite. Apps ermöglichen schnelle und einfache Bearbeitungen und lassen den User verschiedene Gags in die Bilder einbauen. Hier mischen sich oftmals auch Stand- und Bewegtbilder. Handyfotos sind außerdem häufig darauf ausgelegt, umgehend in den sozialen Netzwerken geteilt zu werden – diese Verwendung impliziert ebenfalls bestimmte Themen und Ästhetiken. Besonders typisch für die Handyfotografie ist das inhaltliche Genre „Selfie“, eine Art Selbstporträt, die im Gegensatz zu anderen Selbstinszenierungen beim Handy direkt während des Fotografierens kontrollierbar ist.

Hinzu treten noch spezielle Arten, beispielsweise die Fotografie mit selbstgebastelten Lochkameras, Überwachungskameras oder Drohnen.

Ihre Entstehungsart verraten Fotografien allerdings meist nicht: Ein Bild kann wie eine antike Fotografie wirken, in Wahrheit aber neuerlich

inszeniert und digital so bearbeitet worden sein, dass es besonders alt wirkt, beispielsweise um dem Vintage-Trend zu entsprechen, wofür gerade auch die Handyfotografie zahlreiche Apps wie Retro Cam oder die an das Cross-Processing erinnernden Instagram-Filter bietet.
Für den Umgang mit einer Fotografie spielt es aber durchaus eine wichtige Rolle, welche Materialität vorliegt, etwa ob es als Postkarte erscheint, als Werbeplakat oder gerahmt in einer Kunstgalerie (vgl. Jäger 2009: 10). Viele der im Folgenden vorgestellten, weit gefassten Methoden können zwar mit verschiedenen Kameratypen umgesetzt werden, allerdings implizieren diese Typen auch Unterschiedliches – sie bewirken unterschiedliche Assoziationen, unterschiedliche Machtgefüge und können für ganz verschiedene Gefühle gegenüber der Kamera von verspielt bis hin zu ehrfürchtig oder verängstigt sorgen. Daher sollten auch der Kameratyp selbst, sowie die davon gegebenenfalls unabhängige Erscheinungsweise der Fotografien in die Überlegungen miteinbezogen werden. Hinzu tritt noch die Bearbeitung, zum Teil in der (digitalen) Kamera oder im Handy stattfindend, zum Teil am PC, in der Dunkelkammer oder erst am haptischen Bild selbst.

Eine weitere Möglichkeit, ein System zu schaffen, besteht darin, einige für verschiedene Disziplinen typische Methoden zu listen, also vom jeweiligen Fach auszugehen. Allerdings ergeben sich hier doch sehr viele Überschneidungen: Die Analyse von Fotografien kann (zwar unter einem anderen Vorzeichen) sowohl für den Kunsthistoriker, wie auch für den Kriminologen und den Soziologen eine sinnvolle Methode darstellen. Interviews zu Fotografien bieten sich sowohl in der Werbewirkungsforschung, wie auch in der fotogestützten Therapie an.

Und schließlich kann man, wie oben gezeigt, natürlich noch die Ziele der Methoden in den Fokus nehmen – ob es sich beispielsweise um Methoden zum Beweis, zur wissenschaftlichen Erkenntnis, zur Persuasion oder zur Therapie handelt. Dabei bewegen wir uns also auf ganz unterschiedlichen Ebenen des Methodenverständnisses. Diese Systematisierung wurde im Folgenden gewählt, keineswegs erschöpfend und trennscharf, immer wieder redundant und hier und da verschachtelt, aber für mein Empfinden sinnvoller als andere Systematiken, wenn es darum geht, die Breite der Einsatzmöglichkeiten zu illustrieren. Eine Methode soll der Zielerreichung dienen, daher sollte gerade dieses Ziel, das zugleich die Intention darstellt, Ausgangspunkt der Betrachtung sein.

Beweis und Studienmaterial

Häufig dienen Fotos zur Demonstration, dass etwas auf eine bestimmte Art und Weise stattgefunden hat: So war es.

Eingängige Beispiele hierfür kommen aus der Medizin: Fotos können festhalten, ob eine Anomalie oder Krankheit vorlag und ob beziehungsweise inwieweit sie behoben werden konnte. Bernardo Hochman et al. beziehen sich hier auf die plastische Chirurgie, die dies wohl am klarsten wiedergibt. In diesem Kontext gilt: "Frequently, an image is a more significant data than the written part of a paper" (Hochman et al. 2005: 19) und, so sollte man hinzufügen, gerade der Vergleich zweier möglichst identisch aufgenommener Fotos verdeutlicht am besten die Veränderung.

In der Geschichtswissenschaft wurden Fotografien zwar zunächst eher ignoriert (vgl. Hesse 2006: 149), doch „in der Tat leisten Fotografien als Quellen den Historikern gute Dienste. Allerdings nicht deswegen, weil sie klare und wahrheitsgetreue Aufzeichnungen vergangener Realität darstellen, sondern auch weil sie eine subjektive Sichtweise der Welt vermitteln. Diese Sichtweise ist von den medialen Rahmenbedingungen, den technischen Möglichkeiten und der kulturellen Stellung der Fotografie in der Gesellschaft abhängig" (Jäger 2009: 7). Fotografien als historische Quellen zu nutzen bedeutet also weniger, sie als neutrales Fenster in eine andere Epoche zu betrachten, sondern auch zwangsläufig, fotohistorische und kulturelle Überlegungen einfließen zu lassen, um die Fotos richtig verstehen zu können. Dies beginnt bei so banalen Tatsachen, wie dass die zunächst üblichen langen Belichtungszeiten andere Posings nahelegen als es kurze Belichtungszeiten ermöglichen, betrifft aber auch soziale Gefüge und kulturelle Bedeutungen rund um die Fotografie. Das „so war es" wirkt hier oft für die Fotografie modifiziert.

Beweismittel

Natürlich kann man sich ganz grundsätzlich fragen, ob die Aussage „so war es", verbunden mit fotografischer Neutralität, die das Medium selbst völlig in den Hintergrund treten lässt, überhaupt möglich ist. Die meisten Forscher sind sich wohl einig: "Even still photography, an apparently objective mechanical recording medium, can be ambiguous in its capacity to 'document'" (Banks und Zeitlyn 2015: 41). Marcus Banks und David Zeitlyn illustrieren dies an einem historischen Bild einer jungen Frau, einem typischen Studioporträt, das sie in einem eleganten Kleid präsentiert, vor ihr ein Buch. Das Bild zeigt, was vor der Kamera geschah, was „war" – und doch ist es gewissermaßen falsch: Es suggeriert Bildung und Freizeit, dabei handelt es sich offenbar um eine ungebildete Bauersfrau. Wahrscheinlich zeigt dieses inszenierte Bild eher, was sie oder der Fotograf sich wünschten, als was sie *tatsächlich war,* oder, wenn man so will: was ihr *Wunsch war.*

Unter dem Titel "Who is Speaking Thus?" schildert Abigail Solomon-Godeau (1991) Widersprüche und Mehrdeutigkeiten der als dokumentarisch bezeichneten Fotografie und stellt fest, dass auch diese Art der Fotografie niemals „autorfrei" oder frei von kulturellen Aspekten ist: Ob zeitgeschichtliche Bilder oder die private Lebenschronik, ob im Dienste der Wissenschaft oder als juristisches Beweisstück, ob zu Recht oder zu Unrecht – Menschen nehmen Fotos auf, um etwas zu dokumentieren.

Der Begriff des Dokumentierens aber stammt vom lateinischen „documentum" und meint „Lehre", „Beispiel" oder „Beweis" – wenngleich unter „dokumentarischer" oder „Dokumentarfotografie" oft eher sozialkritische Fotografie verstanden wird. Der Fokus liegt also auf bestimmten Motiven, die derartige Aussagen nahe legen. Diese Bilder sind geprägt vom Willen des Fotografen über den „Beweis" Botschaften zu transportieren: „Die Botschaft unterscheidet das Dokumentarfoto demnach von einer herkömmlichen Aufnahme. Es ist von allgemeiner, gesellschaftsbezogener Bedeutung und geht über die rein persönliche Bedeutsamkeit eines Bildes hinaus" (Baacke 2014: 44). Karen Fromm zitiert in diesem Kontext den berühmten Reportage- und Kriesgfotografen James Nachtwey "I have been a witness, and these pictures are my testimony. The events I have recorded should not be forgotten and must not be repeated" (Fromm 2013: 241). Nachtwey und viele seiner Kollegen sehen die fotografischen „Beweise" also als Mittel zur Aufklärung. Somit

stehen sie in einem didaktischen Dienst und sind als eine Methode zu verstehen, um Menschen Botschaften intensiver nahezubringen.
Natürlich kann man die Dokumentarfotografie auch allgemeiner als die *dokumentierende* Fotografie verstehen, als Fotografie, die nahe beim Realen bleibt beziehungsweise versucht, das Reale darzustellen, ohne dabei künstlerische, soziale oder persuasive Ziele in gesteigertem Maße zu verfolgen. Ihr jedoch quasi völlige Ziellosigkeit zu unterstellen, geht wohl an der Realität vorbei.

Wie schon angeklungen ist die Frage nach dem Bezug zur Realität also von besonderer Relevanz, wenn es darum geht, mit Fotos etwas zu beweisen: „Durch den mechanischen Charakter der Fotografie wird die perfekte Nachahmung der realen Natur in einem Maß garantiert, das das mimetische Potenzial von Malerei und Zeichnung bei weitem übersteigt. Das fotografische Bild gilt deshalb als das Analogon des fotografierten Objekts, als seine natürliche Spur und sein Double“ (Dörfler 2002: 13). Hans-Diether Dörfler beschreibt hier die viel beschworene Indexikalität des fotografischen Bildes. Im Prozess des Fotografierens erscheint die Realität selbst als aktiv: Sie zeichnet sich offenbar selbst auf den Film oder Chip. Allerdings bestehen vor und nach eben diesem Moment „zutiefst kulturelle, codierte, gänzlich von menschlichen Entscheidungen abhängige Gesten (*davor*: die Entscheidung für ein Sujet, für einen bestimmten Kameratypus, für den Film, die Belichtungsdauer, den Blickwinkel usw. – all das, was vor dem entscheidenden Moment liegt und schließlich im Druck auf den Auslöser gipfelt; *danach*: all diese Entscheidungen wiederholen sich beim Entwickeln und beim Abziehen; dann wird das Foto in die immer schon codierten und kulturellen Vertriebsmechanismen eingespeist – Presse, Kunst, Mode, Porno, Wissenschaft, Justiz, Familie…). Nur *zwischen* diesen zwei Serien von Codes, allein im Augenblick der Belichtung selbst, kann das Foto als reine Spur des Aktes (als *Botschaft ohne Code*) angesehen werden“ (Dubois 1998: 54f.).

Vor allem zwei Aspekte sind hier auch im Alltagssprachgebrauch als „Manipulation“ besonders präsent (und bisweilen verschrien): die Inszenierung und die Bildbearbeitung. Diese Möglichkeiten verunsichern offenbar besonders, wenn es um den Status von Fotos als „objektive Beweise“ geht. „Inszenieren“ stammt vom lateinische „scena = Theaterzelt“ und bezieht sich seinem Ursprung zufolge also auf eine öffentliche Präsentation. Während man weitgefasst das gesamte kulturelle Leben, nämlich alle Kulturtechniken und Praktiken, die etwas zur

Erscheinung bringen, als Inszenierung bezeichnen kann (vgl. Weiß 2019: 89) meint die fotografische Inszenierung im engeren Sinne, dass eine Situation nicht nur durch die Anwesenheit der Fotografie beeinflusst, sondern für eben sie geschaffen wird, es geht also um Momente, die es ohne die Fotografie nicht gegeben hätte. Dies ist jedoch schon beim typischen Urlaubs-Beweisfoto der Fall: Man stellt sich vor einen bestimmten Hintergrund, wirft sich in Pose, zieht sich ggf. noch etwas Besonderes an – ohne die Fotografie wäre all dies nicht geschehen. Ähnliches gilt auch, wenn beispielsweise ein Maßstock oder Zahlen neben Elemente an einem Tatort platziert werden oder wenn ein Angehöriger einer anderen Ethnie wie ein Verbrecher in verschiedenen Winkeln abgelichtet wird – die Situation wird extra für die Fotografie verändert oder hergestellt, selbst wenn hier wohl niemand von „inszenierter Fotografie" sprechen würde. Auch das Nachstellen von vormals existenten Situationen ist dementsprechend eine Inszenierung, wenn man zum Beispiel nachvollziehen möchte, wie ein Unfall abgelaufen ist oder eine historische Begebenheit nachstellen will, um sie genauer analysieren zu können. Hier wird deutlich, dass auch inszenierte Fotografien durchaus als Beweise dienen können – und hier zeichnet sich bereits ab, dass die Inszenierung und die Dokumentation häufig gar nicht so einfach unterschieden werden können. Dem Produkt, der entstandenen Fotografie, sieht man häufig nicht an, ob beziehungsweise inwieweit inszeniert wurde.
Der zweite Aspekt, dem mit besonderer Skepsis begegnet wird, ist die Bearbeitung oder Manipulation. Bearbeitet wurden Fotos schon seit Anbeginn der Fotogeschichte. Eindrucksvolle Bildmontage-Beispiele kennt man von Stalin über Mussolini bis Hitler – hier sieht man, wie die Diktatoren ins kollektive Gedächtnis eingreifen wollten. Die digitale Bearbeitung ermöglicht allerdings selbst dem Amateur unzählige weitaus einfachere Möglichkeiten, Fotos zu verändern. Bilder können optimiert werden, wie es beispielsweise in der Beauty-Retusche Gang und Gäbe ist und bei so mancher App schon während der Aufnahme ohne Zutun des Fotografen geschieht. Außerdem gibt es Möglichkeiten der Retro-Bearbeitung, wenn Bilder durch Texturen, Light Leaks oder besondere Filter so wirken, als ob sie aus der entfernteren Vergangenheit stammten. Bei der Montage werden Bilder zu einem neuen Ganzen, das realistisch erscheint, zusammengefügt – dies bedeutet beispielsweise, dass perspektivische Regeln oder Schattenwürfe realistisch aussehen, selbst wenn die dargestellte Szenerie eigentlich unmöglich ist.
Handelt es sich um theoretisch mögliche Szenerien, sind derartige Bearbeitungsarten keineswegs immer offensichtlich, der Betrachter kann

also oft nur schwer einschätzen, was genau verändert wurde und zu welchem Zweck dies geschehen sein mag.
Ferner existieren auch Bearbeitungsarten, die dazu dienen, mehr Erkenntnis über die Realität zu erlangen, etwa wenn dunkle Bereiche stark aufgehellt werden, um Dinge sichtbar zu machen, die vorher nicht erkennbar waren.
Die Skepsis gegenüber Inszenierung und Bearbeitung beruht also auf der Unsicherheit über selbige und auf der Unsicherheit, inwieweit welche subjektiven Aspekte eine Rolle gespielt haben, was nur anhand des Bildmaterials schwer zu beurteilen ist, mit anderen Worten: Es stellt sich stets die Frage nach der Glaubwürdigkeit, vielleicht sogar in besonderem Maße, weil das unkritische Auge geneigt ist, dem Bild erst einmal mehr Vertrauen entgegen zu bringen als dem Text oder dem Wort. Folglich muss man die Manipulation durch Bilder – diesmal also die Manipulation der eigenen Person durch Fotografien, die die Unwahrheit suggerieren – umso mehr fürchten.

Trotz aller berechtigter Skepsis: Betrachten wir im Folgenden einige Disziplinen, in denen Fotografien u.a. als Beweismittel Verwendung finden. Ein Beispiel bietet die Kriminaltechnik, man spricht hier von Forensigraphie. Der Begriff stammt vom lateinischen „Forum = Marktplatz", als Adjektiv meint „forensis" „zum Marktplatz gehörig, öffentlich, gerichtlich"; im antiken Rom und Griechenland fanden gerichtliche Verhandlungen auf dem Marktplatz statt. Der zweite Teil des Begriffs ist dem aus „Fotografie" bekannten altgriechischen „γράφειν = zeichnen, schreiben" entlehnt. Bei der Forensigraphie handelt es sich um Bilder von Tatorten, um Fahndungsfotos, um Bilder aus Überwachungskameras, um Fotos von Fluchtfahrzeugen, aber auch um Fotos der Verletzungen oder Gewaltspuren am Körper des Opfers (vgl. Riener-Hofer 2015: 95), hinzu kommen auch Verfahren der medizinischen Bildgebung, bei denen oftmals die Grenzen der Wahrnehmung überschritten werden: „Mittels Bildgebung werden dem Betrachter Perspektiven eröffnet, die ihm mit freiem Auge nicht zur Verfügung stünden" (Riener-Hofer 2017: 15) – dies bezieht sich nicht nur beispielsweise auf Röntgen-, MRT- oder Ultraschallbilder, sondern auch auf Makro- oder Luftaufnahmen. Auf diese Weise wird der raumzeitliche Rahmen der Fotografien sogar noch erweitert – im Sinne von Marshall McLuhan ist eine Fotografie hier eine Erweiterung der Sinne in andere Spektren und Größendimensionen (vgl. McLuhan 1964: 7).
Offensichtlich ergeben sich in diesem Bereich Schnittstellen zur Medizin und zum Recht. Der Einsatz der Fotografie in Strafverfahren erfordert die

Auseinandersetzung mit dem Prozess und den Umständen, unter denen die Bilder zustande gekommen sind. War es rechtens, die entsprechenden Bilder aufzunehmen? Ein und dasselbe Bild kann einerseits ein Beweis für eine Straftat sein, andererseits aber auch selbst das Ergebnis einer solchen, wenn man beispielsweise unerlaubt in die Privatsphäre anderer eingedrungen ist oder unerlaubt Überwachungskameras installiert hat.
Zudem gibt es auch Grenzen der forensischen Fotografie: "Rape 'itself' cannot be photographed except in part, and in such a way that an active gaze is required to reconstruct the event and acknowledge it as rape" (Azoulay 2008: 251). Auch andere Straftaten wie Mobbing lassen sich oft fotografisch nicht oder zumindest nicht in ihrer Gänze festhalten. Schließlich müssen auch in der Forensigraphie Fotografien oft interpretiert werden: Ist beispielsweise eine aggressive Handlung, die fotografisch festgehalten wurde, im Affekt oder geplant geschehen? Welche Motivation lag ihr zugrunde?

Werden Menschen vermessen, ist „die Grundrechtsnähe dieser Vorgehensweise […] offensichtlich, berührt sie doch insbesondere die grundrechtlich geschätzte Privatsphäre. Im Vordergrund dieser Vermessung steht jedoch nicht die Gewinnung von (Körper-)Maßen. Ihr Sinn und Zweck liegt auch nicht in der bloßen Sicherung von Beweisen. Ziel dieser Vermessung ist die Erzeugung eines Bildes, welches die Entscheidungsfindung stützt“ (Riener-Hofer 2015: 99), erläutert Reingard Riener-Hofer aus Sicht der Forensigraphie. Die Anthropometrie kommt ferner dann zum Einsatz, wenn Ergonomie eine Rolle spielt – Vermessungen dienen dazu, Möbel, Fahrzeuge, etc. besser an die Körpermaße anzupassen. Auch in der Archäologie ist die Anthropometrie eine wichtige Methode. Bei all dem spielt auch, aber nicht immer/ausschließlich die Fotografie eine Rolle.
Allerdings schaut die Anthropometrie auf eine fragwürdige Geschichte zurück: Sie diente zunächst oft dazu, „fremde“ Menschen zu vermessen und sie anhand dieser Daten zu kategorisieren, meist unter dem Aspekt der Andersartigkeit gegenüber Europäern. Schon in den 1850er Jahren nutzten Louis Agassiz und andere Eugeniker Fotografie um ihre Theorien zur rassenmäßigen Unterlegenheit von Nicht-Europäern zu rechtfertigen. Das 19. Jahrhundert erlebte eine Besessenheit von Rassenklassifizierungen. Entsprechend waren jegliche Forschungen einseitig: Europäer fotografierten und vermaßen Menschen anderer Herkunft, nicht umgekehrt. Expeditionen wurden etwa extra dafür geplant, afrikanische Buschmänner als den „missing link“ zwischen wilden Tieren und zivilisierten Menschen darzustellen – und entsprechend fotografierte man

eher unbekleidete, als bekleidete und eher Menschen mit wilden als mit domestizierten Tieren: "Bushmen were thouroughly 'othered'" (Ranger 2001: 170). In den 1930ern wurden ähnliche rassistische Ideen durch den Harvard-Anthropologen Earnest A. Hooton gefördert, der meinte, dass seine Aufnahmen menschlicher Schädel den ultimativen Beweis für unsere morphologischen Typen zeigten (vgl. Share 2015: 98).
Mit ihren fotografischen Katalogen einzelner Merkmale wurde vor allem Francis Galton und Alphonse Bertillon bekannt. Mit diesen wollten sie das Äußere von Menschen in ein messbares System überführen. Der Grundgedanke bestand darin, dass sich Wesenszüge im Äußeren widerspiegeln. Geleitet von dieser Idee wollte Galton visuelle Merkmale von Verbrechern herausfinden, um letztendlich Menschen aufgrund ihres Äußeren schon in potentiell „gut" oder „böse" unterteilen zu können. Hierfür sammelte er zahlreiche Porträts von Verbrechern. Es entstand ein System, das menschliche Identität in Notationen verwandelte, die einfach organisiert und jederzeit zugänglich waren (vgl. Pavlich 2009: 177). Das „gemorphte" Verbrechergesicht erwies sich übrigens als attraktives Gesicht – ein Beweis dafür, dass es eben kein typisches Verbrecher-Aussehen gibt, sondern lediglich ganz unterschiedlich aussehende Verbrecher. Ihre Gesichtszüge kombiniert ergibt sich quasi ein durchschnittliches und damit als angenehm empfundenes Gesicht (vgl. Jakob 2007).
Auch heute gibt es noch ethisch bedenkliche Bereiche der Anthropometrie, bei denen auch die Fotografie eine Rolle spielen kann, etwa, wenn Körpermaße als Index für den Ernährungszustand gelten. Auch die Bekleidungsindustrie benötigt Vermessungen, kann die Daten aber auch zu ihrem Zweck nutzen – etwa bewusst nur Kleidergrößen herstellen, die schlanken (und damit implizit angenommen: attraktiven) Menschen passen.

Wie schon angeklungen ist, nutzt seit jeher auch die Ethnographie die Fotografie zur Dokumentation fremder kultureller Kontexte und an sich passt die Fotografie gut zur detailgetreuen Dokumentation, die die Ethnographie ausmacht – beide Begriffe teilen sich ja auch die Wortherkunft von „γράφειν" – und Fotografie kann entsprechend einen Teil der Ethnographie ausmachen, die der Ethnologie oder Kulturanthropologie, der Wissenschaft vom kulturell Fremden, das Analysematerial liefert, welches dann sortiert, kategorisiert und interpretiert wird. Allerdings überschneiden sich die Arbeitsbereiche in der Praxis (vgl. Theye 1998: 49).

Aufgrund der in der frühen Fotografie notwendigen langen Belichtungszeiten mussten Angehörige anderer Ethnien zunächst in extra aufgebauten Studios inszeniert werden. Die Authentizität und Glaubwürdigkeit sind damit natürlich infrage gestellt, zumal rasch offensichtlich wird, dass die aufgebauten Sets und zugewiesenen Posings eher den Vorstellungen der Fotografen als der Fotografierten entsprachen. Zudem wurden unter dem Deckmantel der Ethnographie auch pornographisch anmutende Bilder von Menschen anderer Kulturen festgehalten, bei denen man beispielsweise die Brüste oder die Knie nicht bedeckte. Entsprechend reflektiert gerade die frühe ethnographische Fotografie oft eher „die Wünsche des Westens und seine Ambitionen, seine Besessenheiten und Symptomatiken, und etwas der Spezifität sozialer Beziehungen, die der Westen als wichtig (normal) ansieht“ (Faris 2002: 78). Pointiert formuliert kann man auch sagen: Ein Foto eines Navajo „sagt weniger über Navajos als über den Fotografen eines Navajo“ (Faris 2002: 82). Problematisch ist dies natürlich, wenn Fotos mit einem ganz anderen Anspruch verbunden werden, nämlich (wissenschaftliche) Belege über eine fremde Lebensgestaltung zu sein.
Ein ganz anderes Beispiel stellen die Brüder Schlagintweit dar, die im Auftrag der British East India Company 1854 bis 1857 Indien und die Himalaya-Gegend bereisten und sich bemühten, im Geiste Humboldts zu forschen – Vermessungen und Kartografien vornahmen, meteorologische Beobachtungen notierten und Fotografien anfertigten. Damit wollten sie offenbar auch einem Grundsatz der Kulturanthropologie gerecht werden: Den Gegenstand holistisch zu betrachten heißt, komplexe Zusammenhänge zwischen verschiedenen kulturellen Teilbereichen zu berücksichtigen, Kultur ganzheitlich zu erforschen – ein durchaus sehr / zu ambitioniertes Unterfangen: „Während aber die kulturelle Praxis der Ethnologen in ihren Repräsentationen in der Lage ist, Kultur als kohärentes, integriertes Ganzes darzustellen bzw. zu produzieren […], ist eine solche Kohärenz von Kultur, der Holismus, auf den die klassischen Kulturbegriffe stets rekurrierten, in der Empirie kaum nachweisbar […] Entsprechend findet das Substantiv ‚Kultur‘ im ethnologischen Diskurs immer weniger Verwendung. Umso häufiger wird dagegen das Adjektiv ‚kulturell‘ gebraucht“ (Sökefeld 2001: 126).
Zurück zur Fotografie: Bald nach ihrer Einführung gab es schon fast überall Fotostudios geführt von Profis, die Landschaften, Gebäude und Einheimische ablichteten, sowohl für touristische, populäre und wissenschaftliche Zwecke. Gefragt waren vor allem „Native Types“, Indigene, die ihre Tracht und ihren Körperschmuck zeigten. „Vielfach bestand die Intention der Photographen darin, unter gezielter Ausblendung

aller Attribute, die auf westliche Einflüsse hätten hindeuten können, ein vermeintlich ursprüngliches Leben zu inszenieren. Darüber hinaus nahmen erotische Inszenierungen einen bedeutenden Raum im kommerziellen Bildangebot ein" (Theye 1998: 57) – der Wert solcher Bilder als eine Art „Beweis" für die Lebensweise der Betreffenden war jedoch schon damals umstritten. Bekannt sind uns solche Bilderpraktiken allerdings bis heute. So erfreuen sich seit dem Millennium Bildbände zu möglichst fremdartigen, „primitiven" Kulturen großer Beliebtheit: "Coffee-table books displaying illustrated bodies from around the world [...] often emphasize the exotic and offer minimal analysis, yet they still serve as references for revival movements and contemporary practices" (Schildkrout 2004: 327). Aufgrund der fehlenden Erklärungen bieten solche Fotos auch Raum für eigene Fantasien und inspirierten Bewegungen wie die der "Modern Primitives", erschaffen also wieder neue kulturelle Kontexte.
Auch das fotografische Dokumentieren, Konservieren und Analysieren, das vor allem durch die Arbeiten von Margaret Mead in den frühen 1950er Jahren gefördert wurde, spielt bis heute eine Rolle in der Ethnographie (vgl. Sharma 2014). Modernere Ansätze reflektieren und offenbaren dabei oft aber auch den Standpunkt des (Bild-)Autors oder wählen ihn sogar als Ausgangspunkt für Analysen (zum ethnologischen Film vgl. Lipp 2015).

Damals wie heute ergibt sich ein Spannungsfeld zwischen Professionalität und Unprofessionalität: Der Ethnologe „‚als Photograph' ist Amateur und doch ein Professioneller: In der Regel sind Anthropologen keine Photographen. Aber selbst, wenn sie ohne Ausbildung oder besonderes Geschick photographieren und das nicht einmal in der Absicht tun, die Bilder auch zu veröffentlichen, entstehen ihre Photos doch in einem professionellen Kontext" (Wolber 1998: 200). Hier stellt sich die Frage, ob eine fotografische (Grund-)Ausbildung dem Ethnologen helfen könnte. Auf diese Weise würde er sein Werkzeug vielleicht so einzusetzen lernen, dass ihm Bilder gelingen, die er für besonders repräsentativ oder aussagekräftig hält. Andererseits könnte es allerdings auch dazu führen, dass der Ethnologe aufgrund der ambitionierteren Fotografie, die ja durchaus viel Aufmerksamkeit erfordert, seine sonstigen Aufgaben – das Beobachten, das Teilnehmende Beobachten etc. – zu sehr aus den Augen verliert oder sich zu sehr auf nach den typischen Fotografenstandards „ästhetische" Fotos konzentriert und damit Bilder aufnimmt, die wiederum eher eine Aussage über diese ästhetischen Standards treffen, als über den fremden kulturellen Kontext. Zudem kann nun auch die ebendort

vorherrschende Ästhetik den fotografierenden Ethnologen prägen und damit eine neue Dimension in die spätere Bildanalyse einbringen.
Ein anderes, bereits mehrfach angeklungenes Konfliktfeld ergibt sich mit Blick auf Fragen von Macht und Beherrschung. Dies spielt zwar oft eine Rolle, wenn das Verhältnis von Fotograf und Fotografierten behandelt wird, erlebt aber in der ethnographischen Fotografie eine Zuspitzung: "Since the invention of photography and its 'coincidence' with imperial expansion, scientific racism and changing forms of knowledge linked to logics of comparability and equivalency, images have symbolized a fascinating point of access to the 'other'" (Figueroa 2008: 75) – Mónica Figueroa impliziert hier, dass sich Fotografie auch als Herrschaftsinstrument eignet. Unter „Kontakt und Zugang" wird dieser Aspekt noch weiter erörtert.
Ob forensisch oder ethnologisch, ob Instagram-Urlaubsfoto oder detektivisches Bild – Fotografie kann etwas beweisen – dass nämlich etwas „so ähnlich" oder „in Teilen" so existiert hat, aber vor allem, dass ein Fotograf es für wichtig genug hielt, ein Bild davon aufzunehmen und später auszuwählen und zu präsentieren (vgl. Belting 2007: 51). Betrachten wir im Folgenden den Umgang mit dem Bildmaterial.

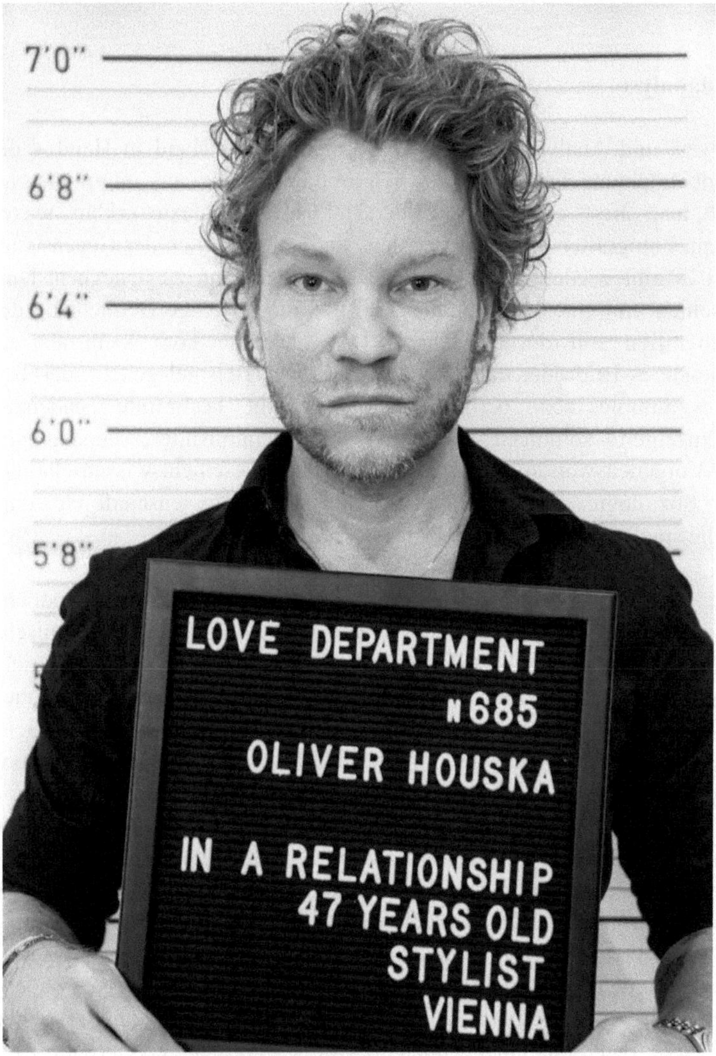

Die Fotografin Josephine Gasser inszeniert in einem Ausstellungsprojekt Mugshots. Sie geht davon aus, dass Menschen immer noch aufgrund ihrer emotionalen und sexuellen Vorlieben verurteilt werden und gestaltet eine Detektivtafel mit Beweisstücken und Fotos.

Bildanalyse

Beweis und Analyse gehen offensichtlich häufig Hand in Hand – die Bildbetrachtung findet, so lässt sich argumentieren, stets interpretierend statt, man „liest“ etwas in die Bilder, stellt sie in Kontexte, erklärt sie etc. Wenn Fotografien analysiert werden, sind sie eigentlich der Gegenstand, und es gibt wiederum verschiedene Methoden, ihm zu begegnen. Dies geschieht mit einem bestimmten Ziel und die jeweilige Betrachtung der Fotografien soll dorthin führen. Das jeweilige Foto kann als ein besonderes Bild oder ein besonders typisches Beispiel gelten oder Teil eines Samples sein, bei dem es darum geht, bestimmte Tendenzen aufzuzeigen – so unterschiedlich, wie die Erkenntnisinteressen sind auch die Vorgehensweisen, die zum Beispiel in den Geschichtswissenschaften, der Soziologie, Ethnologie, Psychologie, Kunstwissenschaft etc. eine Rolle spielen.

Da sich also je nach Erkenntnisinteresse ganz unterschiedliche Vorgehensweisen ergeben, sollen hier nur einige besonders typische genannt sein. Die Basis stellt meist die Bildbeschreibung dar: Was sieht man auf einer Fotografie? Doch schon in diesem frühen Moment, der auch als vor-ikonographische Beschreibung bekannt ist und natürliche Bedeutungen erfassen soll – darunter faktische wie „das ist eine Person“ wie auch expressionale wie „sie ist glücklich“ –, findet eine Interpretation statt. Wir erkennen zum Beispiel ein Lächeln auf dem Gesicht einer Person – aber lächelt sie wirklich oder ist das nun einmal die relaxte Position ihres Gesichts? Oder handelt es sich eigentlich um ein gequältes Lächeln, um einen traurigen Gesichtsausdruck, den wir falsch interpretiert haben? Ist ihr Blick verlegen oder verspielt? Wir identifizieren eine Farbe als Türkis – aber würde ein anderer vielleicht nicht eher Blau oder Grün dazu sagen? In manchen Sprachen gibt es ferner gar keine Unterscheidung zwischen diesen Farben. So beinhaltet auch die Bildbeschreibung bereits subjektive Faktoren und ist an einen kulturellen Kontext geknüpft.
Einen zweiten Schritt kann die semiotische Analyse darstellen. Die Semiotik, die Lehre der Zeichen basiert auf der Relation eines Gegenstands (oder Phänomens), eines materiellen, für den Gegenstand stehenden Zeichens und dem ideellen Zeichen, dem Bezeichneten. So gilt es, bei der Analyse herauszufinden, welche Zeichen gewählt sind, um was zu bezeichnen. Drei Zeichenarten werden unterschieden: Icons besitzen Ähnlichkeit zum Bezeichneten, so steht etwa eine stilisierte Brezel für den

Verkauf von Brezeln. Indexes besitzen eine Kausalverbindung zum Bezeichneten, ein Kratzer an der Tür kann also dafür stehen, dass eine Katze im Haus ist. Symbole hingegen sind arbiträre, durch Konvention festgelegte Zeichen. Ein Beispiel hierfür ist sind Buchstaben, wenngleich diese zum Teil auch auf Piktogramme und damit auf Icons zurückführbar sind.
Außerdem stammen die Begriffe Semantik, Syntax und Pragmatik aus der Semiotik. Bei der Semantik geht es um (einzelne) Bedeutungsinhalte, die Syntax betrachtet die Zusammenstellungen, etwa als Opposition oder Parallelismus, und die Pragmatik untersucht die Zielsetzung. Dieses Vorgehen lässt sich beispielsweise sinnvoll bei der Analyse von Werbefotografien verwenden und kann neben den Fotografien auch andere Bild- und Textelemente (die ja auf einem Plakat oder einer Anzeige auch bildlich zu betrachten wären) beziehungsweise deren Zusammenstellung analysieren.

Bei der hermeneutischen Analyse versucht der Forscher, möglichst „naiv" ins Feld zu gehen, um seine Daten nicht subjektiv zu verfälschen, also nicht zu früh eine Forschungsfrage und Annahmen formulieren. Zunächst werden unstrukturiert Daten gesammelt, dann die Absicht untersucht, die der Bildautor gehabt haben könnte. Im nächsten Schritt wird die Relation zu größeren Bedeutungszusammenhängen betrachtet. Man kann auch zunächst verschiedene Geschichten entwickeln, in denen das Werk erschaffen sein könnte, diese Geschichten dann hinsichtlich ihrer Gemeinsamkeiten gruppieren und damit Lesarten erstellen, welche dann wiederum mit dem tatsächlichen Kontext konfrontiert werden.

Gerade bei der kunsthistorischen Betrachtung spielen auch Bezüge zu bestimmten Kunststilen, wie auch die Biographie des Fotografen und, falls verfügbar, seine eigenen Statements, eine Rolle. Auch das vom Künstler als solches auserkorene „Original" wird in diesem Kontext wichtig und damit die ihm zugedachte Größe, Art des Drucks, der Aufhängung etc. – hier finden sich also Entsprechungen zur Analyse von Gemälden. Häufig muss der Analysierende auch etwas über den Entstehungsprozess des Bildes wissen, um es richtig verstehen zu können: Betrachtet man beispielsweise die Fotografien des Künstlers Matthias Wähner, glaubt man zunächst, historische Aufnahmen zu betrachten. Wähner hat sich allerdings selbst in 40 Pressefotos montiert, die zu Ikonen geworden waren. Wer diese Fotos nicht kennt, versteht das Prinzip hinter der Serie nicht.

Geht es um ein Sample von Fotografien, bietet die Inhaltsanalyse eine Möglichkeit, Bilder in bestimmte Cluster zusammenzustellen und damit Bedeutungszusammenhänge zu analysieren (Joffe 2011: 209). Diese lassen sich nach unterschiedlichen Kriterien gruppieren, beispielsweise in technische, inhaltliche oder prozedurale Aspekte. Die Kategorien könnten vorher mit bestimmten Annahmen im Hinterkopf angelegt worden sein oder aus dem Sample selbst abgeleitet werden – oft ergeben sich aber auch reflexive Momente zwischen der Entwicklung des Konzepts, dem Sampling und der Dateninterpretation. Auch wenn bestimmte vorangenommene Kategorien die Studie leiten, können andere während des Prozesses entstehen (vgl. Altheide 1987: 68).

Bei der Analyse von Bildinhalten, von Techniken oder Prozessen spielt auch, wenn die Studie quantitativ angelegt ist, ein qualitatives Urteil oft eine Rolle (vgl. Miller und Sinanan 2017: 6): Ob ein Bild, selbst wenn der Arm augenscheinlich zur Kamera gestreckt ist, wirklich ein Selfie ist, ob ein alt wirkendes Bild wirklich vor langer Zeit aufgenommen wurde, kann man nicht mit Bestimmtheit sagen – und vermutlich noch weniger, ob ein Bild gemeinhin für attraktiv, skurril oder hässlich betrachtet wird.

Einige konkrete Beispiele: Was bedeutet etwa „die Tatsache, dass bis in die 1870er Jahre Kinder bis zum fünften oder sechsten Lebensjahr eher geschlechtsunabhängig gekleidet und selten mit Attributen versehen wurden, die Schlüsse zulassen, ob hier ein Mädchen oder ein Junge abgebildet wurde? Hier drängt sich die Frage auf, wann die geschlechtsspezifische Erziehung einsetzte und auf welche Weise“ (Jäger 2009: 101f.). Um solch einer Frage zu begegnen, sammelt man zunächst die Bilder, die sich historisch anhand verschiedener Faktoren einordnen lassen, steckt den geographischen Raum ab, sortiert die Fotos unter den Gesichtspunkten des angenommenen Alters und der Kleidung und stellt fest, ab welchem Alter die Kleidung geschlechtsspezifisch wird. Weitere Fotografien, die etwa Freizeitaktivitäten zeigen, wie auch anderes Quellenmaterial, so zum Beispiel Erziehungsratgeber aus jener Zeit, Romane oder auch Statistiken über Kindstod o.ä. können zusätzliche Anhaltspunkte liefern.

Ähnlich ging auch die Margaret Mead vor, deren Arbeit kulturpsychologisch motiviert war. Sie publizierte schon in den frühen 1950er Jahren u.a. zusammen mit dem Soziologen und Fotografen Frances Macgregor visuelle Dokumentationen über Bali, neben Filmen auch fotografische Studien, welche die Bilder nicht nur als Illustration, sondern auch als Analysematerial betrachteten (Mead und Macgregor 1951). Dabei ging es zum Beispiel um Körperhaltungen der Fotografierten, aufgenommen unter psychologischen Aspekten. Andrew Lackoff spricht hier von diagnostischer Fotografie (vgl. Lackoff 1996: 1), da Mead große Kompendien von Fotografien untersuchte, um mit dieser Arbeit Einblicke in die Ätiologie von Schizophrenie zu geben.

Heutzutage bieten zum Beispiel die fotobasierten sozialen Medien unzählige Analysemöglichkeiten. Die Fotografien werden hier als Teil einer neuen Kommunikationslandschaft betrachtet. Zwar wurden Fotografien seit langem medial eingebettet präsentiert, in Fotoalben, Zeitschriften oder Zeitungen etwa, aber die sozialen Medien haben ein ganz neues Kommunikationszeitalter eingeläutet: "In social media, the social interaction is emphasised, the potential for societal impact is celebrated, the message is not limited to one medium, the Internet is taken for granted, and the commercial organisations profiting from social media are stretching the boundaries of traditional industries. In other words, the technology is no longer photography-centric" (Sarvas und Frohlich 2011: 171). Umso wichtiger ist es, bei der Bildanalyse die Einbettung zu berücksichtigen. In einigen Hinsichten kann dies sogar die Analyse erleichtern: Der Einsatz bestimmter Worte oder Hashtags, sowie die Betrachtung von "Likes" oder "Dislikes" lässt sich zum Beispiel leichter quantifizieren als Bildinhalte.
Selbstverständlich gibt es noch zahlreiche weitere Arten, sich Bildern analytisch zu nähern, von denen einige in den nächsten Kapiteln vorgestellt werden – und ebenso kann man gerade vom künstlerischen Standpunkt aus auch argumentieren, dass man Bilder wirken lassen und nicht analysieren sollte.

Neue Blickwinkel

Die Sinne erweitern – diese sehr umfassenden Definition von „Medien“, die auf Marshall McLuhans Begriff der Ausweitung des Körpers (vgl. McLuhan 1964: 7) zurückgeht, betrachtet Fotografie als Chance, Dinge zu sehen, die einem sonst verborgen bleiben. Dies bezieht sich nicht nur auf die offensichtlichen Grenzen unserer Augen – dass wir etwa nicht beliebig weit in die Ferne sehen können und in der Nähe ab einer gewissen Größe auch nichts mehr zu erkennen vermögen – sondern auch darauf, dass wir die Vergangenheit nicht anschauen können ebenso wie darauf, dass der Einzelne die Welt nicht durch die Augen einer anderen Person erleben kann, selbst wenn er sich zur gleichen Zeit am gleichen Ort aufhält.

Betrachtet man die Erweiterung des Blicks in die Vergangenheit, rückt die Geschichtswissenschaft auf den Plan. Hier bieten Fotografien die Chance, die Vergangenheit besser kennenzulernen und zu analysieren, sowohl durch Bilder, die als epochale Werke oder Repräsentanten einer Epoche Einzug ins kollektive Gedächtnis gehalten haben, als auch durch Werbe- und Propagandafotos oder private Fotografien. Auch das Re-Inszenieren, das Reenactment, kann möglicherweise dabei helfen, die Vergangenheit besser zu verstehen, indem „die sichere Distanz zwischen abstraktem Wissen und persönlicher Erfahrung, zwischen dem Damals und dem Heute, zwischen dem Anderen und dem Selbst“ gelöscht wird (Arns 2007: 60), wenngleich die strenge Trennung in authentisches, da körperliches, und unauthentisches, da medial eingefärbtes Erleben durchaus diskutabel erscheint (vgl. Engelke 2017: 17).
Bei der Betrachtung zeitgleicher Fotografie macht man die Erfahrung neuer Blickwinkel beispielsweise, wenn man gemeinsam in einer Reisegruppe unterwegs ist und nach einem Besichtigungstag die Fotos vergleicht. Weitet man den Vergleich dann noch auf die spätere Zusammenstellung eines Fotobuchs oder Albums aus, wird man auch feststellen, dass Menschen nicht nur unterschiedliche Fotografien aufnehmen, sondern auch unterschiedliche Bilder auswählen und sie unterschiedlich sortieren. Auch die Bildtitel oder die Geschichten zu den Fotos werden verschieden ausfallen. Für diese Unterschiede gibt es mehrere Erklärungen, angefangen von der zur Verfügung stehenden Technik und der Expertise im Umgang mit selbiger, über Beweglichkeit

und Körpergröße, welche andere Perspektiven ermöglichen, über ästhetische Vorbildung, persönliche Präferenzen, momentane Befindlichkeiten, soziale Netzwerke bis hin zur kulturellen Prägung.

Derartige Aspekte wurden bisher vor allem für die Medienrezeption als „Medienwirkungsmauer“ oder „Filter“ formuliert, beginnend mit den Arbeiten des als Gründers der empirischen Sozialforschung geltenden Paul Lazarsfeld, der von Franklin D. Roosevelt den Auftrag erhielt, den Einfluss der Medien auf das Wahlverhalten zu analysieren. Es erstaunte die damalige Wissenschaftswelt, dass der Einfluss deutlich geringer war als erwartet (vgl. Lazarsfeld et al. 1944/1968). Außerdem stellten Lazarsfeld und sein Team fest, dass keineswegs von jedem die etwa gleiche Menge an Informationen aufgenommen wurde, sondern die Menge davon abhängig war, wie stark sich die Person den Medien aussetzte oder wie viele und unterschiedliche soziale Netzwerke sie pflegte. Von einem recht geradlinige Stimulus-Response-Modell war spätestens jetzt auch in breiteren Teilen der Bevölkerung nicht mehr die Rede – ab diesem Zeitpunkt wurden immer mehr Faktoren analysiert, die zeigten, dass es kein homogenes und passives Publikum gibt: „Man sollte sich hüten, Medienrezeption vorschnell mit ‚Passivität‘ und ‚Konsum‘ gleichzusetzen. Ein Kinozuschauer bewegt sich nicht körperlich. Seine Phantasie aber arbeitet intensiv. Er kann deshalb aktiver sein als jeder Computerspieler am Joystick“ (Winkler 2008: 30).
Verschiedene, z.T. interdependente Aspekte ergeben also eine Art Filter für die Botschaft (vgl. Kunkel 1998: 60). Die Art und Weise, wie ein Mensch ein Bild wahrnimmt, beschreibt, interpretiert oder kategorisiert und welche Assoziationen es bei ihm auslöst, erlauben im Umkehrschluss auch Erkenntnisse über ihn, über seine kulturelle oder soziale Situation, seinen Charakter etc. Aus dieser Überlegung ergeben sich sogar recht konkrete methodische Einsatzfelder der Fotografie. Dabei spielen sowohl die Rezeption, wie auch die aktive Fotografie eine Rolle – auch wenn der Prozess meist nicht mit dem Auslösen endet, sondern in einer gemeinsamen Erörterung fortgeführt wird.

Betrachtet man die Fotografie als Mittel, um neue Blickwinkel zu erhalten, ergeben sich allerdings auch einige ethische Fragestellungen, denn der neue Blickwinkel bezieht sich ja stets auf die Perspektive eines anderen. Damit tritt häufig eine besondere Intimität in die Forschung: “Often, doing and writing sociological research is the process of intimate listening, of developing the difficult ‘art of listening’, that is able to extend a story and its small, private minutiae to a ‘bigger picture’ of public issues […]. So being intimate, *doing* intimacy, is what research is all about" (Figueroa 2008: 76). Wie Figueroa zeigt, gilt diese Intimität nicht ausschließlich für die Fotografie, aber vielleicht in besonderem Maße, zum einen, weil das Fotografieren häufig besonders intuitiv geschieht und damit auch besonders viel verraten kann, und andererseits, weil bereits bestehende Fotografien meist individuell bedeutungsvolle Momente zeigen. Zudem stellt sich auch die Frage nach der „richtigen" Auslegung. Natürlich sind auch Worte stets „verdrehbar", aber bei Bildern scheint es aufgrund ihrer fundamentalen Uneindeutigkeit besonders schwierig, sie in die „richtigen" Worte zu übersetzen. „Richtig" bedeutet dabei auch je nach Fragestellung nicht zwangsläufig die vom Fotografen oder Fotografierten gemeinte Bedeutung, was wiederum ethisch bedenklich scheint: Ist es in Ordnung ein Bild, das für den Betreffenden hohe emotionale Bedeutung besitzt, als Forschungsmaterial über die Ernährung, die Mode oder die Sitten an einem Ort bzw. zu einer Zeit zu nutzen – oder ist das (sinn)entstellend?

Zugang und Kontakt

Mit den Überlegungen, Fotografie als Methode zu nutzen, Zugang und Kontakt zu finden, geht es an das Fotografieren selbst. Wer fotografiert, schenkt dem Fotografierten Aufmerksamkeit und kann auf diese Weise bereits Barrieren abbauen. Dies gilt keineswegs nur für die Menschenfotografie: Auch wenn man einem anderen Motiv sichtbar Aufmerksamkeit widmet, gerät man oft rasch ins Gespräch mit Menschen, die wissen möchten, was einen daran interessiert.

Auch bietet die Fotografie einen idealen „Vorwand", Zugang zu Orten oder Situationen zu erlangen, der einem sonst versperrt bleiben würden: "The camera is an excuse to be someplace you otherwise don't belong. It gives me both a point of connection and a point of separation" – dieses Zitat von Susan Meiselas (in Boucher 2018: 202) zeigt, wie die Kamera als eine Art Zugangsticket fungiert: Sie weist der Person eine bestimmte Rolle zu, die mit einer Erlaubnis, einer Befähigung verbunden ist. Auf diese Weise gelangt man als Fotograf leichter in gewisse Privatsphären oder wird sogar explizit dorthin eingeladen, wie etwa bei der Hochzeitsfotografie. Dies ermöglicht es dann, vertiefteres Wissen und Verständnis zu erlangen. In diesem Kontext erinnere ich mich an ein Erlebnis während einer ethnologischen Exkursion nach Vietnam. Damit wir als Ethnologenteam uns von den typischen Tagestouristen absetzten, wurde im Team beschlossen, auf das typische Touristenverhalten zu verzichten – dazu zählte zum Beispiel keine Souvenirs zu kaufen, aber auch nicht zu fotografieren. Schweren Herzens packte ich meine Kamera also in den Rucksack. Als ich mit einer Dorfbewohnerin ins Gespräch kam, lud sie mich in ihr Haus ein und gebot mir, kurz zu warten, sie habe eine Überraschung. Einige Minute später trat sie in ihrer Festtagstracht hervor – nicht zuletzt in der Erwartung, dass ich sie fotografieren würde. Ich brach also die Regel, da ich es als unhöflich oder nichtachtend empfunden hätte, die Frau nun nicht zu fotografieren. Die Fotografie oder zumindest die Erwartung der Fotografie hatte hier unter anderem den Weg zum Kontakt geebnet.

"To photograph is to confer importance" (Sontag 2005: 22): Je nach Situation und kulturellem Kontext fühlt sich der als Sujet Auserwählte durchaus geehrt – was allerdings auch bedeutet, sorgsam zu planen, wen man auf jeden Fall fotografieren sollte, da es als beleidigend aufgefasst werden könnte, ihn zu übergehen. Gerade mit Blick auf die sozialen Medien ist die mit der Fotografie verbundene Sichtbarkeit für viele Menschen sehr erwünscht, für manche ist die damit verbundene "Frontstage" sogar ein Ort der Sehnsucht, ein Ort von Applaus und Würdigung (vgl. Blank 2017: 58) – aber dennoch fühlen sich vermutlich die meisten Menschen angesichts einer Kamera angespannt und verhalten sich nicht natürlich (vgl. Maleyka 2019: 9). Die Art und Weise, in der sich jemand selbst ohne Anweisungen präsentiert, wie er also fotografiert werden möchte, kann wiederum interessante Erkenntnisse liefern: Wirft er sich in Pose, versucht er vorteilhaft oder witzig zu wirken, ist er verlegen oder verhält er sich der Kamera gegenüber eher so, als sei sie nicht vorhanden? Diese Erkenntnisse können zum Beispiel für psychologische, wie auch für soziologische Fragestellungen von Interesse sein.

Lassen sich diese Aspekte systematisieren, zu einer klaren Methode formulieren? Ohne Wissen zum jeweiligen kulturellen Kontext ist dies sicher nicht möglich, aber mit einer gewissen diesbezüglichen Expertise lassen sich zumindest verschiedene Abläufe festlegen, im einfachsten Fall das Fragen, ob man fotografieren darf, das Fotografieren selbst, das Zeigen des Bildes auf dem Monitor, ggf. begleitet von Fragen, die weitere Erkenntnisse liefern, etwa, ob sich der Fotografierte gut getroffen fühlt oder was man ändern müsste, um ein repräsentatives Bild von ihm zu erschaffen.

All das zuvor Genannte, wie Fotografie Zugang, Kontakt und erste Erkenntnisse ermöglicht, soll allerdings nicht darüber hinwegtäuschen, dass die Fotografie je nach Situation und kulturellem Kontext auch genau das Gegenteil bewirken mag. Sie kann dafür sorgen, dass man „der Outsider" wird oder bleibt: The camera offers "both participation and alienation in our own lives and those of others – allowing us to participate while confirming alienation" (Sontag 1973: 167).
Bereits als visuelles Signal erscheint die Kamera um den Hals wie ein „Prellbock gegen das Unbekannte" (Thurner 1992: 35) und markiert den Status der fotografierenden Person als jemand, der nicht im engeren Sinne am Geschehen teilhat, sondern es stattdessen nur aufzeichnet. Zugleich scheint die Kamera dem Fotografen auch besondere Macht zu zuschreiben; schon die Grammatik zeigt: Der Fotografierende ist aktiv und machte etwas mit dem passiven Fotografierten oder „Fotoobjekt". Mit dem resultierenden Bild besitzt er dann etwas vom Fotografierten. Dieser Besitz ist einem virtuellen Besitz vergleichbar (vgl. Odom et al. 2011: 149) und gerade wegen der indexikalischen Beziehung wird oft von einer besonderen Kraft der Fotografie über den Fotografierten ausgegangen, teilweise sogar in religiösen Vorstellungen festgelegt (vgl. Strother 2013: 177ff.).
Abgesehen davon besteht diese empfundene Kraft schlicht in der Tatsache, dass eine andere Person einen visuellen Moment besitzt, der eigentlich zur einem selbst gehört, und diesen Moment aufgrund der Statik des Fotos sehr viel genauer betrachten kann als der Fotografierte ihn selbst erlebt hat – auf diese Weise kann der Fotograf umfassenderes Wissen über den Fotografierten erlangen, kann seine Unsicherheiten im Posing identifizieren, seine Poren erkennen, kann Falten, Pickel, Narben und Flecken sehr viel genauer als in "real life" betrachten.

Zudem gibt es, wie bereits angesprochen, auch Weltanschauungen, die der Fotografie generell skeptisch gegenüberstehen. Im Islam wird die Fotografie auf unterschiedliche Weise beurteilt, je nachdem, ob man den Fotografen als den Erschaffer von Bildern interpretiert oder davon ausgeht, dass die Fotografie primär einen Automatismus darstellt, der ein Abbild des Realen widergibt (vgl. Naef 2007: 118 und Ibric 2010: 68).
Den Erwachsenen der Amischen ist es untersagt, sich fotografieren zu lassen, da es die Eitelkeit befördere (vgl. Krüger 2012: 237).

Die Fotografie kann also je nach Kontext sowohl Kontakt und Zugang ermöglichen, wie auch ihn erschweren oder gar verhindern. Auf jeden Fall ist sie auch hier nicht neutral, sondern bewirkt eine spezifische Situation, die man sich im Sinne der Methodik zunutze machen kann – selbst wenn man als Fotograf Ablehnung erfährt: Man verändert damit die Situation, was wie eine Elicitation wirken und entsprechend bewusst eingesetzt werden kann.

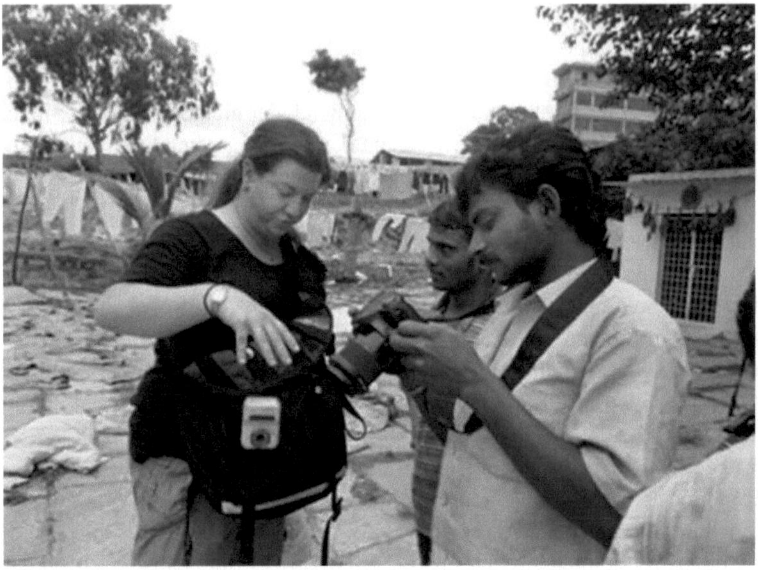

Partizipatives Fotografieren bei einer Dhobi-Community im indischen Bangalore mit dem Ziel, die Lebenswirklichkeit der Wäscher besser zu verstehen.

Partizipatives Fotografieren

Durch die Augen eines anderen Menschen zu sehen – wie könnte man das leichter erreichen, als ihm eine Kamera zu geben und ihn fotografieren zu lassen? Genau dieses Prinzip findet statt, wenn die Menschen, über die man etwas herausfinden möchte, dazu aufgefordert werden, zu einem bestimmten Thema zu fotografieren.

Das Erkenntnisinteresse kann hierbei wiederum ganz unterschiedlich sein und die Methode in verschiedenen Disziplinen zum Einsatz kommen. Ursprünglich stammt sie vor allem aus dem Bereich der Partizipation in der Entwicklungszusammenarbeit, aber auch bei der Produktentwicklung kann sie helfen. Petri Mannonen et al. verwendeten sie beispielsweise, um die Nutzung von Produkten zu verstehen, was wiederum dabei helfen kann, Produkte nutzerfreundlicher zu entwickeln. Sie untersuchten die Arbeit von Menschen, die im Bereich der Aufzugswartung beschäftigt waren, sowohl mithilfe Teilnehmender Beobachtung wie auch mit Fotografien, die diese Aufzugarbeiter selbst aufnahmen (2003). Hierfür erhielten die Arbeiter die Instruktion, dass schnelle Schnappschüsse in "real situations" mindestens ebenso gut, wenn nicht brauchbarer seien als sorgsam inszenierte Bilder. Dies diente dem Ziel, möglichst authentische Einblicke zu erhalten (vgl. Mannonen 2003: 834).

Besonders häufig tritt die Methode im Kontext von Empowerment auf (vgl. Schänzel und Smith 2011: 84): Dies ist einerseits daher wichtig, weil so die Perspektive anderer Menschen überhaupt erst oder zumindest besser berücksichtigt werden kann, aber auch, weil die „Forschungs-objekte" so selbst zu Subjekten werden, quasi nicht mehr passiv sind, sondern sichtbar aktiv beteiligt werden. Mit der recht intuitiv funktionierenden (modernen) Fotografie ist dies besonders gut möglich, weil sie selbst da kommuniziert, wo Kenntnisse im Lesen und Schreiben nicht voraussetzbar sind oder wo unterschiedliche Sprachen gesprochen werden.

Gerade im Kontext der Entwicklungszusammenarbeit spricht man bei diesem Verfahren auch von Photovoice: "Photovoice is a qualitative, community-based, participatory action research (PAR) method that employs participant created photography to highlight the experiences and insights of [...] groups" (Jarldorn 2019: 3). Dieses Verfahren gilt als eine flexible Forschungsmethode, die an unterschiedliche Forschungsthemen angepasst werden kann (vgl. Delgado 2015: 9) und vor allem in der Arbeit mit ausgegrenzten, benachteiligten und marginalisierten Gruppen Verwendung findet, etwa mit Flüchtlingen, obdachlosen Kindern oder stigmatisierten Gruppen, da sie die Bedürfnislagen der Betreffenden illustrieren kann und dem Forscher oder Facilitator ein besseres Verständnis ermöglicht (vgl. Leal et al. 2018).

P. Rabinowitz und C. Holt (vgl. 2013) nennen verschiedene Gründe, warum Photovoice eine erfolgreiche Methode ist: Zu Fotografieren bietet ein direktes Erfolgserlebnis, macht den meisten Menschen Freude, fördert Kreativität und kann die Wahrnehmung altbekannter Situationen ändern. Ein Bild kann sehr viel erzählen und unabhängig von Sprache, Literalität

etc. verstanden werden, und schließlich können Entscheidungsträger die Fakten, die die Fotografie zeigt, nicht so leicht ignorieren.
Häufig treten zu Photovoice noch andere Methoden hinzu, da sich die partizipative Forschung – gerade im Kontext von Entwicklungszusammenarbeit – durch Mehrstimmigkeit auszeichnet. Zu diesen Methoden zählen neben Interviews beispielsweise partizipative Kartierungen, Ortsbegehungen, das partizipative Kreieren von Diagrammen u.v.a.. Die Organisation "Pictures of Identity" beschreibt Photovoice als einen konkreten Prozess, gekennzeichnet von bestimmten Stufen: Am Anfang steht die Vorbereitung und Planung, gefolgt von der Schulung in technischen und ethische Aspekten, dann die Feldphase mit den Fotosessions, daraufhin die Diskussion der Ergebnisse in der Gruppe. Eine zweite Feldphase kann sich anschließen, wiederum gefolgt von der gemeinsamen Analyse, dann die Präsentation und die partizipative Evaluation (Pictures of Identity 2016).

Partizipativ Fotografieren – was zunächst vielleicht einfach klingt, wirft doch auch viele Fragen auf:
Ein ganzer Fragenkomplex betrifft die technische Seite (vgl. Schönhuth und Jerrentrup 2019: 91). Auch wenn man, gerade mit der digitalen Technologie, vermehrt von Jo Spences Credo "Photography as a tool […] negates elitism" (Spence 1995: 5) ausgehen darf, betrifft das sicher längst nicht jede Situation. Wird die fotografische Technik als kompliziert wahrgenommen, hindert dies eher an der Partizipation – alleine die Beschäftigung mit der Technik kann dann schon dazu führen, den eigentlichen Gegenstand beziehungsweise das, was man fotografieren möchte, aus den Augen zu verlieren oder unnötig gehemmt zu sein aus Angst, für ungeschickt, ungebildet oder unintelligent gehalten zu werden. So braucht es unter Umständen eine Einführung in die Technik und praktische Übung, die jedoch nach Möglichkeit nicht bestimmte Motive, Bildgestaltungen etc. nahelegen sollte.
Handykameras sind allerdings mittlerweile stark verbreitet, so dass man davon ausgehen darf, dass diese Technik vielen vertraut und, falls nicht, doch sehr leicht zu erlernen ist. Allerdings legt das Handy alleine durch die handytypische Festbrennweite bestimmte Bildausschnitte und Bildlooks nahe.
Technik im weiteren Sinne betrifft auch die fotografische Vorbildung, also das Wissen darüber, wie man bestimmte Bildlooks kreiert, wie man Bilder harmonisch gestaltet, welche Farben welche Stimmungen vermitteln können, welche Inszenierungsmöglichkeiten bestehen, wie welche Pose wirkt etc. Auch die Bildbearbeitung weist in diese Richtung. In diesem

Feld vorgebildet zu sein hat ggf. den Vorteil, dass der Betreffende die Möglichkeiten der Fotografie, seine Botschaften zu transportieren, besser ausschöpfen kann. Andererseits kann diese Bildung aber auch gleich eines Primes fungieren, etwa nach dem Motto: Fotografieren heißt auf eine bestimmte Weise ästhetische, kreative, originelle o.ä. Bilder aufzunehmen. Folglich tritt der Betreffende nicht mehr frei an seine Foto-Aufgabe heran, sondern geht mit der Erwartungshaltung „guter" – wie auch immer das definiert sein mag – Fotografien ans Werk, ist also gewissermaßen gehemmt.
Abgesehen davon muss man sich ganz generell fragen, welche Aussage die Bilder letztlich mit sich bringen: Entsprechen sie der tatsächlichen Sichtweise des Betreffenden oder spiegeln sie eher das wieder, was derjenige für sozial erwünscht hält oder wie er sich und seine Umwelt präsentieren möchte – mit welcher Agenda auch immer im Hinterkopf?

Durch "Hand over"-Techniken ergeben sich Möglichkeiten, die Autorität im Forschungsprozess neu auszuhandeln (vgl. Emme und Kirova 2010: 176) – was zu einer neuen Dynamik führen kann, aber auch eine Situation erfordert, in der sich der Forscher oder der Lehrende auf die neue Augenhöhe einlassen kann. Ein Beispiel, das diese Problematik aufzeigt, ist das Projekt "One Laptop per Child", das mit der Idee, einen Billig-Laptop zu entwickeln einen Quantensprung im Bildungssektor in Entwicklungsländern schaffen wollte – und das ganz ohne mühsame Investition in Bildungsmaßnahmen, Bibliotheken, Infrastruktur und kompetentes Lehrpersonal (vgl. Schönhuth und Jerrentrup 2019: 197). Für das Scheitern des Projekts gibt es sicher zahlreiche Gründe, einer davon wird jedoch darin gesehen, dass Lehrer um ihre Autorität und ihren Wissensvorsprung fürchteten und folglich wohl weniger hinter dem Projekt standen.
Auch die Frage nach Besitz und Profit durch die Bilder oder die Forschung drängt sich hier auf – wer darf die „initiierten" Bilder veröffentlichen und zu welchen Konditionen? Wer profitiert in welcher Weise vom Bildmaterial?
Schließlich kann es auch Widerstände gegen partizipative Fotografie von professionellen Fotografen geben oder von denen, die jahrelang dafür gekämpft haben, dass Fotografie den Status eines Berufs oder einer Kunst besitzt, welche sie eben gerade aus der Masse abhebt (vgl. Spence 1995: 5). Fotografie in die Hände aller zu legen, und die Fotografie aller auch noch ernst zu nehmen oder gar deren Selbstpräsentation für wichtiger zu halten als die professionelle Arbeit läuft den Interessen der ambitionierten oder professionellen Fotografen zuwider. Geht es also beispielsweise um

ein Entwicklungsvorhaben in einer Gemeinde, wäre es wichtig, auch die professionellen oder ambitionierten Fotografen als Stakeholder miteinzubeziehen.

Wie erwähnt stammen die hier erwähnten Methoden vor allem aus dem Kontext der Entwicklungszusammenarbeit, aus Kontexten, in denen man, gleich wie partizipativ sie gestaltet sein mögen, zwischen den Forschenden und den Beforschten unterscheiden kann. Allerdings ergeben sich auch andere Konstellationen, durch Fotografie neue Perspektiven zu erhalten, die sich eher als gemeinsames, denn als partizipatives Fotografieren beschreiben lassen: So können auch Fotografen unterschiedlicher kultureller Kontexte in gemeinsamen Projekten selbstreflexiv zusammenarbeiten. Diesen Versuch unternahm ich mit indischen Kollegen, um bei einem gemeinsamen Fotoausflug herauszufinden, ob sie eine andere Perspektive auf einen Ort einnehmen würden als „westliche" Kollegen. Handfeste Ergebnisse zu präsentieren ist hier allerdings schwierig, da zu viele individuelle Aspekte ins Spiel kommen können. Tendenziell zeigte sich, dass die indischen Kollegen keineswegs stärker einer Ästhetik folgten, die der indischen Kunsttheorie entspricht – wenngleich sie selbst ihre Bilder aber fast durchweg doch als „indisch" charakterisieren. Möglicherweise liegt die Ästhetik der Fotografien an einer vor allem „westlich" geprägten Fotoerziehung vor Ort.
Normalerweise folgt dem partizipativen Fotografieren ein Interview, das die entstandenen Fotografien als Basis wählt, oder eine gemeinsame Bildanalyse.

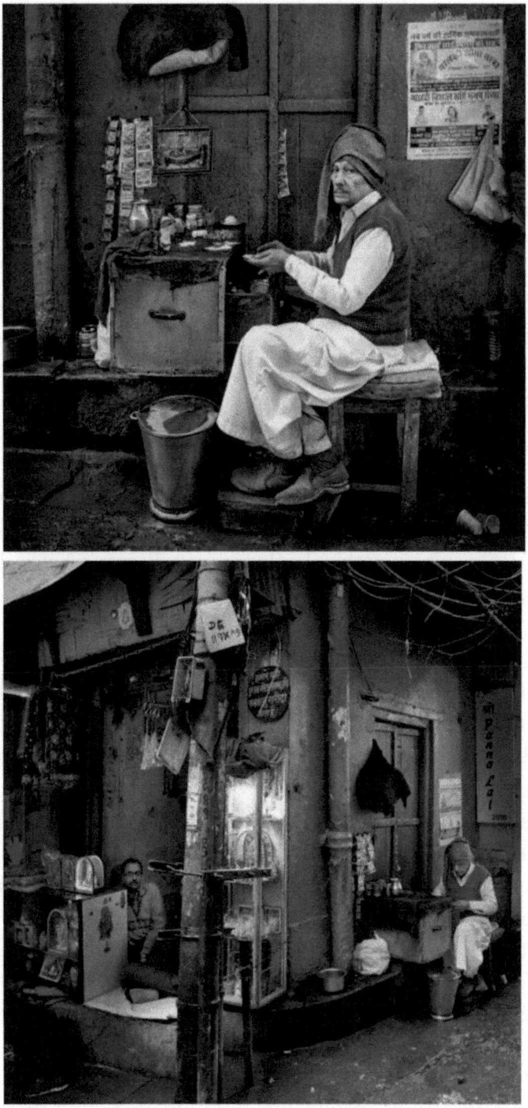

Ein Ort, zwei Fotografen: Diese Bilder stammen aus einem gemeinsamen Projekt mit dem indischen Fotografen Gaurav Verma, bei dem wir herausfinden wollten, ob je nach kultureller Herkunft tendenziell andere Motive und Ansichten gewählt werden. Gauravs Bild (unten) zeigt eine dezentrierte Ansicht auf mein Motiv.

Fotobasierte Kommunikation

Fotobasierte Interviews können verschiedenes Bildmaterial nutzen, etwa bestehende öffentliche oder private Bilder, wie auch Fotos, die extra für diese Interviewsituation aufgenommen wurden, sei es, dass der Interviewer fotografiert hat oder sie aus der partizipativen Fotografie stammen.

Eine Forschungssituation, bei der fotobasierte Kommunikation im Zentrum steht, erzeugt bisweilen starke Emotionen, beispielsweise "the pain in remembering/reliving the shame felt; the doubt about what can be seen and how it feels to see it again; the pervasiveness of racism that infiltrates the minutiae of everyday life" (Figueroa 2008: 82) – so dass sich die Frage stellt, in welcher Weise der Forscher mit diesen Emotionen umgeht oder sich selbst als Teil derselben begreift. Figueroa weist darauf hin, dass Emotionen hier nicht als Besitz von Personen zu sehen sind, sondern relational verstanden werden müssen, eher „zwischen" Personen stehen. Das heißt, der Forscher kann auch aktiv Einfluss auf die Emotionslage nehmen, indem er sich also nicht (mehr) neutral verhält und damit die Forschungssituation ändert und das Gefälle Forscher-Beforschter mindert oder aufgibt, um sich eher in eine empathische Position zu begeben und die Situation eher in ein Gespräch, denn ein Interview verändert.

Hier zeigen sich Parallelen zur Gesprächstherapie nach Carl Rogers, die einen mehrstufigen Prozess aufweist: „(1.) Der Therapeut betritt die Welt des Klienten. (2.) Er achtet dabei genau auf die sich stets verändernden Bedeutungsgebungen des Klienten. (3.) Er bewegt sich ganz behutsam und ohne zu beurteilen in dessen Lebenswelt. (4.) Er teilt ihm seine Eindrücke von dieser Welt mit. (5.) Er prüft zwischendurch immer wieder gemeinsam mit dem Klienten, inwieweit diese Eindrücke übereinstimmen, und lässt sich von dessen Antworten führen" (Harrer und Weiss 2016: 66). Die „möglichst gleichberechtigte Beziehung" (Staemmler 2009: 22) beider steht damit im Mittelpunkt, ebenso wie die Empathie, die Fähigkeit, „das innere Bezugssystem des Klienten zu übernehmen, die Welt so zu sehen, wie der Klient sie sieht, den Klienten zu sehen, wie er sich selbst sieht […] und dem Klienten etwas von diesem einfühlenden Verstehen mitzuteilen" (Rogers 1972: 42). In der Therapie wird dieses Vorgehen je nach Therapieschule als sinnvoll angesehen, um dem Ziel des gesteigerten psychischen Wohlbefindens näherzukommen. Ebenso mag es in der

Forschung ethisch geboten, vielleicht sogar unvermeidbar sein, kann aber auch die Ergebnisse beeinflussen. Überlegungen, wie man sich in emotionalen Situationen am besten verhält, sollten also bereits vor den Interviews stattfinden und sowohl mit Blick auf die Validität der Ergebnisse, wie auch auf die Ethik reflektiert werden.

Betrachten wir nun verschiedene Arten des fotobasierten Interviews, bei denen mal eher bestehendes Bildmaterial mit oder ohne Fokus auf die Quelle, mal bestehendes privates, initiiertes oder ohne Initiierung selbst aufgenommenes Material verwendet wird:

- Häufig dienen die Fotos der Elicitation, das heißt, die Interviewten werden durch die Bilder stimuliert, sich an etwas zu erinnern, Assoziationen zu erhalten oder über das Dargestellte nachzudenken, was sich etwa in der Marketingforschung, in der Forschung zum Konsumverhalten u.a. zunutze gemacht werden kann, wenn beispielsweise Werbebilder präsentiert und besprochen werden. Gemma Orobitg beispielsweise setzte in ihrer Forschung historische Fotos zu Interviewzwecken ein, die bei den Interviewten Geschichten evozierten und bei der anthropologischen Studie zu einem bestimmten Zeitraum halfen (vgl. Orobitg Canal 2004: 36).
- Von "auto-driven photo-elicitation" spricht man, wenn Fotografien verwendet werden, die die Interviewten zeigen oder von den Interviewten selbst aufgenommen wurden (vgl. Harper 2002), the "interview is 'driven' by informants who are seeing their own behaviour" (Heisley und Levy 1991: 260). Diese Methode kommt ebenfalls in der Konsumforschung zum Einsatz, wenn die Konsumenten ihr eigenes Konsumverhalten aufgrund der Bilder, die sie selbst dabei zeigen, kommentieren. Mit selbst fotografierten Bildern zu arbeiten ermöglicht oft eine besondere emotionale Verbindung zum Bildmaterial, sowie ein Gefühl von Stolz: "Children displayed a sense of achievement […] when talking about the photographs they took or were taken of them" (Schänzel und Smith 2011: 82). Dies kann den Weg zu einer angenehmeren und angeregteren Gesprächssituation ebnen und aufgrund der Teilhabe eher eine Kommunikation auf Augenhöhe gewährleisten. Außerdem bietet die Nutzung von Fotos, die die Interviewten selbst aufgenommen haben, den Vorteil, dass die Erinnerung der Betreffenden an die jeweilige Situation aufgefrischt wird. In der Forschung von Schänzel wurden auf diese Weise Fotografien von Familien-urlaubsaufenthalten

gemeinsam untersucht (Schänzel 2010) – zuvor erhielten die teilnehmenden Kinder Einwegkameras. Von ihnen selbst ausgewählte, damit also als bedeutungsvoll erklärte Fotografien wurden in nach den Urlauben stattfindenden Interviews als Stimuli verwendet. In solchen Situationen können natürlich nicht nur einzelne Fotos von Bedeutung sein, sondern auch ihre Zusammenstellungen und ihre Trägermedien wie etwa Fotoalben oder Bilderwände.

- Der Begriff "Fotonovela" bezieht sich auf Geschichten, die ähnlich Comics oder Bilderbüchern mit Fotografien erzählt werden: „The fotonovela can combine the familiar framing devices, sequencing, and text balloons of the comic book with posed or candid photographs of participants in place of pen-and-ink sketches [...] This blending of a highly entertaining and approachable narrative structure with the naturalness or realism of photography [...] suited the melodramatic content of its popular form" (Kirova und Emme 2006: 154). Dabei mischen sich hier oftmals zwei Ebenen: Die Fotonovela dient einerseits als Mittel, Botschaften beziehungsweise Lerninhalte zu kommunizieren. So wird sie v.a. im Gesundheitsbereich angewandt, wobei derartige Fotonovelas durchaus auch in partizipativer Arbeit mit Betroffenen oder Insidern des kulturellen Kontexts entstanden sein können. Andererseits kann die Methode „Fotonovela" aber auch zur Gewinnung neuer Erkenntnisse eingesetzt werden, wenn Menschen auf Basis selbst aufgenommener oder fremder Fotonovelas interviewt werden.
  Anna Kirova und Michael J. Emme beschreiben, wie sie eine Fotonovela kreierten, um Einsichten in nonverbale Interaktionen von Kindern zu erhalten. Hierfür wurden inszenierte Momente gleichsam wie Tableaux vivantes erstellt und fotografiert. Die fertige Novela wurde dann Kindern, die daran nicht beteiligt waren, gezeigt, um zu analysieren, ob diese Kinder die Szenarien aufgrund der Körpersprache verstehen können. Sprach-Bubbles wurden entsprechend leergelassen und waren von den Kindern zu füllen. In der Analyse wurde deutlich, dass das Verstehen der Interaktionen von der Kenntnis des sozialen Kontextes und den eigenen frühen Erfahrungen abhing. Fotonovelas können der Einschätzung der Autoren zufolge dabei helfen, Kinder zu integrieren und gemeinsame Verständigung zu fördern. "The fotonovela method not only illustrates a more contemporary notion of reading, writing and literacy that includes knowledge of

the basic visual elements necessary to understand the meaning and components of the visual syntax, but also allows for a new type of phenomenological text to emerge" (Emme und Kirova 2010: 176), folgern die Autoren.

- Weitere, wenngleich weniger standardisierte Möglichkeiten der fotobasierten Kommunikation im Dienste neuer Blickwinkel ergeben sich auch in der künstlerischen Fotografie. Dabei spielt sowohl die Situation des Fotografierens, v.a. wenn es sich um Menschenfotografie handelt, eine Rolle, wie auch die Kommunikation im Rahmen der Veröffentlichung von Fotografien, sei es in einem Blog oder während einer Vernissage. Auch hier gelingt es dem (teilnehmenden) Beobachter und/oder Interviewer neue Blickwinkel zu erschließen.

Lehre und Lernen

Mit Blick auf die Lehre und das Lernen ergeben sich zwei Perspektiven auf die Fotografie: Sie kann einerseits als ein Mittel verstanden werden, den Unterricht zu erleichtern, indem sie Themen spannender, anschaulicher und nachvollziehbarer macht, andererseits ist (spätestens heutzutage) Medienerziehung notwendig.

Geht es um erstgenanntes, beschränkt sich dies keineswegs nur auf visuelle Themen, sondern kann auch im Bereich abstrakter Lerninhalte zum Einsatz kommen: "Using visuals means to visualize the material, immaterial, and conceptual for improved understanding. Therefore, visual social science is a study not just 'about' the visual, but also 'through' visuals and visualizations of a varied nature" (Pauwels 2015: 3). Dabei zieht die Fotografie ihre Kraft einerseits daraus, dass sie ikonisch und indexikalisch betrachtet als nah an der Realität beziehungsweise die Realität widerspiegelnd begriffen wird, woraus sich ein direkter Bezug zur Lebenswelt ergibt. Andererseits erscheint sie aber auch von der Realität gelöst – sie ist dem Fluss der Zeit entzogen und zeigt einen statischen, räumlich und zeitlich abgegrenzten Moment, der als solcher besser handhabbar, interpretierbar, teilbar und diskutierbar ist, das "Handling" der Realität also erleichtert. Als Symbol können Fotografien für eine Vielzahl von Bedeutungen verwendet werden und erfordern „Lese"-Fähigkeiten, die wiederum trainiert werden müssen.
Außerdem ermöglicht die Fotografie es wie kaum ein anderes Medium, selber involviert zu sein und in jeder Hinsicht aktiv zu werden: Dadurch, dass Kameras heute sehr günstig und – vor allem in Form von Handykameras – allgegenwärtig verfügbar sind und weil auch das Aufnahmematerial fast nichts mehr kostet, eröffnet sich hier die Chance, eigenes Fotografieren für eine größere Anzahl Lernender in den Unterricht zu integrieren. Natürlich kann man auch vorhandenes Bildmaterial einsetzen, das von den Lehrenden oder den Lernenden ausgewählt wurde, darunter beispielsweise Zeitschriftenbilder oder Werbeplakate, und dieses Material dann gemeinsam diskutieren.

Eine andere Perspektive auf Fotografie als Methode im Bereich Lehre und Lernen beleuchtet die Medienerziehung oder Media Literacy im Sinne des Verständnisses von Medien und der vielfältigen Gefüge, in denen sie stehen und die ihre Erscheinungs- und Nutzungsformen prägen. Oft werden in den neueren Medien und ihrer freien Zugänglichkeit einerseits große Chancen gesehen und man sagt ihnen ein demokratisierendes Potential nach (vgl. Paul 2006: 83) – andererseits funktioniert es in der Praxis oft keineswegs so demokratisierend. Die Wissensverteilung zeigt sich in unterschiedliche sozioökonomischen Schichten keineswegs ähnlich und auch der Zuwachs lässt die Schere eher größer werde. Die Forschergruppe Phillip Tichenor, George Donohue und Clarice Olien formulierte schon in den 1970ern den Zusammenhang zwischen Medienangebot, Mediennutzug, Wissenserwerb und Bildung beziehungsweise sozioökonomischen Status als "Increasing Knowledge-Gap"-Hypothese (vgl. Bonfadelli & Friemel 2017: 241). Durch effektivere Nutzung passender Medienangebote konnten gebildetere und statushöhere Menschen sich relevantere Themen rascher und angemessener aneignen. Auch in digitalen Zeiten hat sich dies nicht geändert (vgl. Zillien 2008). Der neuere Begriff der "Filter bubble" weist ebenfalls in diese Richtung (vgl. Pariser 2011): Suchmaschinen und soziale Medien filtern mittels Algorithmen Inhalte, die zum Interessensprofil des Nutzers passen. So entstehen Filterblasen, die für den User (zunächst) durchaus sinnvoll sein können und es ihm beispielsweise erleichtern, sich besser in ein Thema einzuarbeiten, andererseits verliert er ggf. den Blick für „das große Ganze" und es wird zunehmend schwieriger, von neuen Sichtweisen zu erfahren. Weiß man als Lernender und Lehrender um diese Zusammenhänge, kann man ihnen bereits effektiver entgegen treten.

Bei der Medienerziehung stehen meist andere Medien als die Fotografie im Vordergrund. Viele Studien widmen sich dem Fernsehen (vgl. z.B. Peek und Tietze 1994, Röhr-Sendlmeier et al. 2008) oder Videospielen (vgl. z.B. Partington 2010) und den sozialen Medien (vgl. z.B. Greenhow und Lewin 2014, Buchanan et al. 2016). Gerade mit Blick auf letztgenannte wird allerdings deutlich, wie wichtig es auch hierbei ist, die Fotografie und das Zusammenspiel von Bild und Text zu verstehen und ggf. selber sinnvoll nutzen zu können.

Die Bedeutungsoffenheit der Fotografie erweist sich wiederum einerseits als Vorteil – sie bietet Diskussionsstoff und ermöglicht vertiefte Beschäftigung – kann aber auch zum Nachteil werden, wenn Aspekte vielleicht missverstanden werden, etwa ungewollte Nebenbedeutungen im Vordergrund stehen. Besonders betrifft dies das Lernen in interkulturellen Kontexten, wo man nicht davon ausgehen kann, dass Bilder stets auf die gleiche Art gelesen werden.

Aufmerksamkeit, Freude und Verständnis

Fotografien sprechen uns auf ganz direkte Weise an. Erklärt wird dies mit Blick auf die Evolution: "Parts of the brain that process visual information are evolutionarily older than the parts that process verbal information. Thus images evoke deeper elements of human consciousness than do words" (Harper 2002: 13). Schon seit der Antike ist bekannt, dass Bilder die Kraft haben, unsere Emotionen in besonderem Maße zu wecken (vgl. Gombrich 1974: 244). Zudem werden Bilder schneller verarbeitet als Worte, bleiben länger im Gedächtnis (vgl. Levie und Lentz 1982), und bildlich, vor allem fotografisch visualisierte Ziele erscheinen klarer, greifbarer und damit motivierender, ebenso wie die Antizipation der Präsentation von Inhalten, etwa in Form einer Fotoausstellung (vgl. Böhm et al. 2008). Auch der Entwicklung des kritischen Denkens soll der Einsatz der Fotografie, gerade des praktischen Fotografierens zugutekommen, da die Betreffenden so leichter eine eigene Beziehung zum Lernstoff aufbauen können (vgl. Eisen 2012: 349).

Aus oben genannten Gründen eignet sich die Fotografie in besonderem Maße als Methode für den Unterricht. Im Folgenden seien einige konkrete Einsatzmöglichkeiten beschrieben:

- Mit „Mystery Photo" nennt Lottie Baker eine einfache Methode, die im Sprachunterricht genutzt wird und sich auch für Sprachanfänger eignet (Baker 2015: 5ff.). Hierbei wird eine Fotografie zunächst versteckt und dann Stück für Stück enthüllt. Die Lernenden sollen erraten, was auf dem Bild zu sehen sein könnte. Dies soll induktives Überlegen fördern und aufgrund der Spannung Aufmerksamkeit erzeugen.
- Auch J. Share bestätigte den Nutzen fotografischer Verfahren beim Sprachunterricht: Share arbeitete mit Grundschulkindern, die Englisch lernten und dafür Vokabeln mit eigenen Fotografien illustrierten, was rege Diskussionen über die Bedeutungen der Worte initiierte (Share 2015: 102). Gerade selbst aufgenommene Bilder wurden als bedeutungsvoll verstanden, mit eigenen Erlebnissen verbunden und weckten stärker das Interesse der Schüler. Dies bestätigt auch Pat Barrett Dragan (2008) und betont das Empowerment der Lernenden: Photography "gives them a feeling of power and control over a piece of equipment, and that helps compensate for the lack of control they may feel over not yet speaking English. Photography gives my ELLs an additional

language—another way for them to convey who they are and show what they know" (Dragan 2008: 41).
Die enge Verbindung zwischen Bildern und Sprache wird in der Literatur immer wieder hervorgehoben: "Certain formal elements of photography such as framing, point of view, timing, the use of symbols, and observation of details […] have parallels in writing" (Ewald 2012: 2). Noch allgemeiner formuliert Roland Barthes: „Falls es […] keine Wahrnehmung ohne unmittelbare Kategorisierung gibt, so wird die Fotografie im Moment der Wahrnehmung verbalisiert; oder besser noch: Sie wird nur verbalisiert wahrgenommen" (Barthes 1989: 223). Wenn man ein Bild rezipiert, wird es gleichzeitig auch quasi mit Worten interpretiert und im Zuge dessen in einen Kontext gestellt.

- Photovoice-ähnliche Methoden, also selbst fotografierte Fotos, mit denen die Betreffenden etwas über sich und ihr Umfeld kommunizieren möchten, eignen sich dabei nicht nur für den Einsatz im Klassenraum, sondern auch für den Online-Unterricht. Beth Perry nutzte sie auf diese Weise mit Studierenden und stellte mehrere positive Effekte fest: Die Studierenden waren aufmerksamer, kreatives Denken wurde stimuliert und Gemeinschaft gebildet (Perry 2006).
- Besonders häufig kommt wiederum die Methode der Fotonovela zum Einsatz – hier primär verstanden als Geschichten aus Fotografien ähnlich Comics, die vor allem in der Gesundheitserziehung oft verwendet werden und sich hier vielfach als starkes Kommunikationsmittel erwiesen haben.
Jennifer Unger et al. untersuchten dies mit Blick auf ethnische Minoritäten, die eher schlecht literalisiert waren, und in einer Variante einen Text über Depressionen, in der zweiten eine entsprechende Fotonovela über das Thema lesen sollten. Sie erhoben Umfragen über das Thema vor dem Rezipieren, direkt danach und einen Monat später: "The fotonovela and text pamphlet both produced significant improvements in depression knowledge and self-efficacy to identify depression, but the fotonovela produced significantly larger reductions in antidepressant stigma and mental health care stigma. The fotonovela also was more likely to be passed on to family or friends after the study, potentially increasing its reach throughout the community" (Unger et al. 2013: 398). Dieses Ergebnis wird durch andere Studien bestätigt (vgl. Chan et al. 2015, Unger et al. 2009).

> Ein Mittelding aus der partizipativen und der rein unterrichtenden Methode der Fotonovela findet sich zum Beispiel beim Rural Women's Health Project: Die Fotonovelas sollen den Kampf der betreffenden mexikanischen Gemeinden in einem positiven Licht zeigen (vgl. del Castillo 2002) und nutzen Schauspieler aus den Gemeinden, sowie spezifisch für und zusammen mit den Gemeinden entwickelte Geschichten.

In wissenschaftlichen Publikationen allerdings begegnet uns die Arbeit mit Fotografien als Hauptbestandteil sehr selten. Während Fotografien als Kunstwerke, als Zeitdokumente, als journalistische Arbeiten und vieles mehr anerkannt werden, bestehen sie normalerweise nicht alleine in Forschungskontexten – hier werden sie durch Worte begleitet, denen in aller Regel auch das deutlich größere Gewicht zukommt. Dies kann auf verschiedene Gründe zurückgeführt werden. Zunächst spielt die Wissenschaftstradition natürlich eine wichtige Rolle. Dabei geht es nicht nur um die unhinterfragte Übernahme des Althergebrachten, sondern auch darum, dass all die vorangegangene Forschung, die das Fundament für neue Erkenntnisse darstellen soll, auf Text beruht, der entsprechend kaum in rein bildbasierter Forschung berücksichtigt und konkret erwähnt werden kann. Anspruchsvolle visuelle Werke werden seit jeher eher als Kunstwerke verstanden, die durchaus Statements oder eine Erkenntnisse beinhalten können, aber eben nicht den Regeln der Wissenschaft folgen: Fotografien sind nicht unbedingt objektiv, sondern nehmen bestimmte Perspektiven ein, sind nicht immer reliabel, da eine Vielzahl unkontrollierbarer Faktoren eine Rolle spielt, und sind unter Umständen auch nicht valide, weil sie in vielfältiger Weise lügen können und selten eindeutig lesbar sind. Letztgenannter Aspekt, die Ambiguität der Fotografie trägt wohl ganz besonders dazu bei, sie als wissenschaftliche Veröffentlichungsmöglichkeit nicht zu akzeptieren: Zwar mag auch ein wissenschaftlicher Text interpretationsbedürftig sein, die Fotografie scheint dies jedoch umso mehr zu charakterisieren.
Und doch spräche auch viel dafür, die Fotografie als Möglichkeit, wissenschaftliche Erkenntnisse weiterzugeben, zu wählen – schon alleine, dass sie nicht auf einer bestimmten Sprache beruht und damit sehr viel zugänglicher ist, gleich welcher Sprache man mächtig ist und gleich wie viel Vorbildung man mitbringt – und genau daher könnte sich ein sehr vielstimmiger Diskurs eröffnen. Die passenden Worte findet die 20jährige Tashi im Film "Strangers" von Laura Kansy und Oskar Zoche: "One thing I am sure of is that I don't want to go into mainstream academics, because

I feel like it's a world, which is very exclusive. And sometimes it's extremely snobbish and pretentious, but it is very valuable. But I want to do something which can reach out to people a little more accessibly, because I think academics as we do it is not accessible to people who don't do academics. So I have been thinking what I want to do and I am actually very interested in photography" (14'').

Ob Arbeiten aber vollends ohne Text als wissenschaftliche Arbeiten publiziert werden können, bleibt wohl fraglich. Eine Vorreiterin stellt hier sicherlich Margaret Mead dar, die als eine der ersten Forscherinnen das Erstellen und Analysieren von Fotografien als ernstzunehmende Methode nutzte. Ein innovative Idee wissenschaftlichen Publizierens zeigt auch Margie Childs (2016), die eigene und fremde Poesie nutzt und mit selbst aufgenommenen, metaphorisch wirkenden Fotografien kombiniert, um ihr Argument, dass Translanguaging in Schulen und in der Lehrerausbildung eine wichtige Rolle spielt, zu stärken.

Media Literacy

Das deutsche Wort „Wahrnehmung" ist ein recht irreführender Begriff, denn „wahrnehmen" heißt nicht unbedingt, dass man das Wahre zur Kenntnis nimmt, sondern beschreibt lediglich den Prozess der Informationsgewinnung und -verarbeitung – ob diese Information wahr ist oder falsch. Medienbildung, meist mit dem Begriff "Media Literacy" bezeichnet, soll u.a. dabei helfen, dass das „wahr"nehmen medialer Inhalte angemessener funktioniert.

"Media literacy promotes the critical thinking skills that enable people to make independent choices with regard to 1) which media programming to select and 2) how to interpret the information they receive through the channels of mass communication" (Silverblatt et al. 2014: 4) – es geht also um kritisches Denken, besonders wichtig im Kontext visueller Medien, da deren Inhalte besonders oft „blind" hingenommen werden: "The epistemically special character of photographs is revealed by this fact: we are inclined to trust them in a way we are not inclined to trust even the most accurate drawings or paintings" (Cohen und Meskin 2010: 70).

Der Mediengebildete hingegen soll seine Wahrnehmung in einem fortwährenden Prozess sensibilisieren und die Kritikfähigkeit stärken (vgl. Sauter 2000: 114), indem er ein vertieftes Verständnis für die spezifischen Eigenschaften des jeweiligen Mediums beziehungsweise

Kommunikationskanals und für zugrungeliegende Interessenslagen, Machtstrukturen etc. gewinnt.
Bei der Fotografie bedeutet dies, einerseits das Medium und seine Charakteristika im Allgemeinen zu kennen, wie auch spezifische Fotografien einordnen zu können (zur umfangreichen Definition von Media Literacy s. Silverblatt et al. 2014), was bereits Fähigkeiten wie Kategorisierungen, Bewertungen u.a. erfordert (vgl. Baker 2015: 3). Hierbei gilt es aber auch, gemeinsam Möglichkeiten zur Analyse zu finden und Medieninhalte und -praktiken als Chancen zu begreifen, um Einsichten in unsere und andere Kulturen zu erhalten (vgl. Silverblatt et al. 2014: 5). Die Fotografie soll durch dieses Wissen „besser" genutzt werden können – besser im Sinne einer den eigenen Bedürfnissen nachhaltig besser entsprechender und den Horizont erweiternder Mediennutzung.
Ein eingängiges Beispiel besteht darin, dass die Fotografie die Welt stets in „wichtig = fotografiert, beachtet" und „unwichtig = nicht fotografiert" kategorisiert. Sie hilft also dabei, unser Bild von der Welt zu formen, beispielsweise das, was wir über „Rassen" und Gender wissen – häufig ohne dass uns dies auffällt. So kritisiert C.E. Cortés (2000), dass vor allem visuelle Medien beeinflussen, was junge Menschen über verschiedene soziale Gruppen lernen und denken – besonders kritisch, weil in Schulen oft die kritische Auseinandersetzung mit visuellem Wissen auf der Strecke bleibt und man sich eher mit Texten beschäftigt.
Ferner bleibt oft nicht nur das Wissen um die Färbung bestimmter medialer Inhalte, sondern auch für dessen Gründe auf der Strecke. Diese Gründe können natürlich im Medium selbst liegen – die Werbung hat eine klare Agenda, aber auch Zeitungen und Zeitschriften verorten sich häufig in einem bestimmten Meinungsspektrum beziehungsweise antizipieren bestimmte Haltungen als konform mit ihrer Rezipientenschaft. Ferner spielen auch weitere Zwänge eine Rolle; im (Foto-)Journalismus sind dies u.a. der Zeitdruck und die Erfordernisse des Formats. Einen heftigen Eklat gab es beispielsweise Anfang 2020, als bei einem Bild mehrerer Klimaaktivistinnen rund um Greta Thunberg die ugandische Vanessa Nakate aus dem Bild der Agentur AP geschnitten wurde (vgl. Hoffmann 2020), Minuten nachdem sie auf der Pressekonferenz um ausgewogenere Berichterstattung gebeten hatte. Woran lag dieser gravierende Faux Pas? Hielt der Redakteur Nakate für uninteressant, kannte er sie nicht oder fand er den Bildaufbau mit ihr an der Seite suboptimal? Keinesfalls soll hier dieses Vorgehen entschuldigt werden, lediglich darauf hingewiesen, dass die Gründe hierfür nicht auf der Hand liegen. Tatsächlich kann schon das Nichtwissen des Betreffenden dazu führen, dass über die Medien ein

falsches oder unvollständiges Bild transportiert wird. Ein anderes Beispiel: Das Foto des haitianischen Mädchens Fabienne, die, nachdem sie Kleinigkeiten gestohlen hatte, von der Polizei erschossen wurde, brachte dem Journalisten Paul Hansen 2011 einen Preis ein und galt als ein wichtiges Foto, um Spenden für das erdbebengeplagte Haiti zu sammeln. Das Foto seines Kollegen Nathan Weber, das eine Meute von Fotografen um das tote Mädchen zeigt – jeder bedacht darauf, für seine Agentur den besten Schuss zu bekommen – zeichnet ein ganz anderes Bild und ein bitterer Beigeschmack macht sich breit. Oder ist es doch wichtig, ebensolche Bilder wie das von Hansen auch ästhetisch anspruchsvoll im Dienste der Awareness aufzunehmen? Auch hier zeigt sich, dass zum Verständnis der Fotografien auch das Verständnis für die Situation des Fotografierens und des Fotografierenden gehört, für den soziokulturellen Kontext, in dem das Bild entstanden ist: "To examine the context of an image invites us to explore how various groups make meaning of any particular representation, and how that representation challenges dominant ideas in society" (Sensoy 2010: 51).
Dabei ist allerdings der intendierte Präsentationskontext unter Umständen vom tatsächlichen zu unterscheiden. Besonders deutlich wird dies bei historischen Fotografien, die heute in einem ganz anderen Kontext betrachtet werden, selbst wenn die Rezipienten zur gleichen sozialen Gruppe gehören. Silverblatt et al. unterscheiden verschiedene Präsentationskontexte, darunter Journalismus, Werbung, politische Kommunikation, digitale Kommunikation (vgl. Silverblatt et al. 2014), die allerdings keineswegs trennscharf sind und eventuell sogar irreleitend sein können: Auch der Journalismus kann beispielsweise eine politische Dimension haben und wenn nur die, das das Publikum informiert oder unterhalten werden soll.

Auch Fotografien, die konkret für den Bildungskontext aufgenommen oder ausgewählt wurden, lassen sich mit entsprechender Medienerziehung einer kritischen Analyse unterziehen. Binaya Subedi untersuchte Schulbuch-Fotografien über Nepal. Seine Analyse zeigte, dass drei Themen betont wurden: Natur und Landschaft, Schulerfahrung (glückliche Schulkinder) und extreme Armut. "For me, all three themes fell into the orientalist trope of representation that provided a one-dimensional portrayal (exotic, deviant, etc.) of a geographical space" (Subedi 2013: 280). Diese Bilder leisten also nur auf eine sehr oberflächliche Weise Inklusion: "Marginalized subjects can be 'present' yet be absent because of how knowledge is packaged in the curriculum" (Subedi 2013: 281).

Allerdings wurde auch vielfach die aktive Rolle des Publikums herausgestellt: Der Rezipient entscheidet auf der Basis seiner Informationen und Emotionen, ob eine Mediennutzung stattfindet und wenn ja, welche seine Bedürfnisse befriedigt (vgl. Hugger 2008: 173). Da die meisten Medien auf eine gewisse „Quote" angewiesen sind, also auf ausreichende Rezeption, beeinflusst der Rezipient sie durch seine Wahl mit. Dabei können Kontroversen durchaus erwünscht sein und im Falle der Fotografie sogar besonders leicht herstellbar: Da ein Foto ja nur einen einzelnen Moment darstellt, ist nicht klar, ob dieser Moment repräsentativ ist oder ggf. nur einen Zufall darstellt und auch die Kontextualisierung durch weitere Fotografien, Videos oder Texte kann für Kontroversen sorgen.

Zudem soll die Fähigkeit entwickelt werden, selber effektive und verantwortungsvolle Botschaften auf den passenden Kanälen zu erstellen und präsentieren: Gerade heutzutage bedeutet Media-Literacy demnach auch, mediale Inhalte selbst erstellen, auswählen und einbetten zu können. "One of the best ways to teach students to critically analyze any media is through having them make media" (Share 2015: 110). Share spricht hier beispielsweise von der Übung, Menschen durch die Fotografie bewusst als mehr oder weniger sympathisch darzustellen (vgl. Share 2015: 107f.), wodurch man ein Gefühl dafür erhält, wie sich Botschaften in eine bestimmte Richtung lenken lassen. Allerdings dienen Kenntnisse über die Mediengestaltung nicht nur dazu, die Analyse besser zu meistern, sondern auch dazu, Medien für sich selbst, in welcher Rolle auch immer, sinnvoll nutzen zu können, was längst nicht mehr nur in medienbezogenen Berufen eine Rolle spielt, sondern schon beim privaten Social Media-Account.
Media Literacy, so muss hinzugefügt werden, ist ein nie endendes Projekt – Medien verändern sich ständig, nicht nur in ihrer Technik, sondern auch mit Blick auf die Ästhetik, die Aufbereitung und Strukturierung und auf das, was für einen interessanten, innovativen Content gehalten wird. So gesehen bleibt Media Literacy für jeden Einzelnen ein Arbeitsprojekt, wenngleich eine gewisse Basis diese anhaltende Beschäftigung sicher erleichtert.

Erinnerung

Verschiedene Medien können Raum und Zeit überbrücken und damit eine Art ausgelagerte Erinnerung darstellen: „Diese künstlichen Gedächtnisse haben das natürliche Erinnerungsvermögen nicht nur unterstützt, entlastet und gelegentlich ersetzt, sondern auch unseren Auffassungen über Erinnern und Vergessen Form gegeben“ (Douwe 1999: 10). Die frühste Erwähnung systematischer Gedanken über Medien und Gedächtnis stammen vermutlich von Sokrates, niedergeschrieben von seinem Schüler Platon im letzten Teil des Phaidros-Dialogs. Der Gott Theuth meint, mit der Schrift ein Mittel für die Erinnerung gefunden zu haben, doch König Thamus erläutert, die Schrift sei eher ein Mittel gegen das tatsächliche Erinnern im Sinne von Verinnerlichen: Die Schrift bleibt etwas Äußeres. Außerdem führt Geschriebenes nicht zu neuen Erkenntnissen, da es keinen Dialog darstellen kann, sondern einseitig und unveränderbar ist. Freilich konnten diese Gedanken nur deswegen überliefert werden, weil Platon die Schrift für sinnvoller erachtete als Sokrates.
Speziell für die Fotografie schlägt Siegfried Kracauer über 2000 Jahre später einen ähnlichen Tenor an und beschreibt sie im Gegensatz zur Erinnerung „als ein Gemenge, das sich zum Teil aus Abfällen zusammensetzt“ (Kracauer 1977: 25). Während Gedächtnisbilder dem Sinn folgen, kann Fotografie nur den jeweiligen Moment ohne Kontext und Bedeutung festhalten.
Hinzu tritt der Aspekt, dass auch die durch Fotografien gestützte Erinnerung manipulierbar ist: Elizabeth Loftus (1998: 61f.) und andere Erinnerungsforscher haben in zahlreichen Experimenten gezeigt, wie Erinnerungen durch Text und/oder Bild getäuscht werden können. So nutzen typische Experimente Fotomontagen und integrieren so Bilder des Probanden als Kind in Kontexte, die es nie gegeben hat. Die Probanden erfahren nichts von dieser Montage und berichten erstaunlich oft Erinnerungen zu diesen Situationen, die es eigentlich nie gegeben hat.

Fotografien, so könnte man schließen, dienen also nicht unbedingt der Erinnerung. Die alltägliche Praxis zeichnet allerdings ein anderes Bild: Menschen nutzen seit jeher Fotos, um sich zu erinnern. Dies beginnt schon bei der früheren Praxis von Fotografien von Verstorbenen – hier wird Fotografie als Memento Mori besonders deutlich (vgl. Blood and Cacciatore 2014) – und setzt sich in Fotos von den Momenten, die wir als erinnerungswürdig in unsere Alben und Fotobücher sortieren, fort.

Fotografie als Erinnerungsstütze oder ausgelagertes Gedächtnis wird auch dann besonders wichtig, wenn es um die Kommunikation geht: Bilder helfen den Erinnernden, Gefühle zu vermitteln oder Details mitzuteilen.

Auch für die Erinnerung größerer Gruppen sind Bilder von Bedeutung. Ethnologen nutzen sie, um verschwindende kulturelle Praktiken oder Gruppen für das „Weltgedächtnis" festzuhalten, Kunsthistoriker fotografierten vor und während des Zweiten Weltkriegs Kunstgegenstände, damit sie im Falle ihrer Zerstörung ggf. zu einem späteren Zeitpunkt rekonstruiert werden könnten – so geschehen etwa mit Gemälden aus den Räumen August des Starken im Dresdener Schloss. Sämtliche Beispiele zeigen allerdings auch, dass Fotografien als Erinnerung, zumindest, wenn es sich nicht nur um eine rein individuelle Erinnerung handeln soll, die Einbettung in einen Kontext benötigen, was i.d.R. mithilfe schriftlicher Erläuterungen geschieht: „In der Beziehung zwischen Foto und Text bettelt das Foto förmlich um eine Interpretation, und die Worte geben sie ihm normalerweise. Das Foto, nicht zurückweisbar in seiner Evidenz, aber schwach in seiner Bedeutung, erhält letztere durch die Worte. Und die Worte, die selbst auf dem Level des Allgemeinen bleiben, bekommen ihre spezifische Authentizität durch die Unwiderlegbarkeit des Fotos. Zu zweit werden sie dann sehr machtvoll; eine offene Frage scheint vollständig beantwortet zu sein" (Berger 2000: 50).

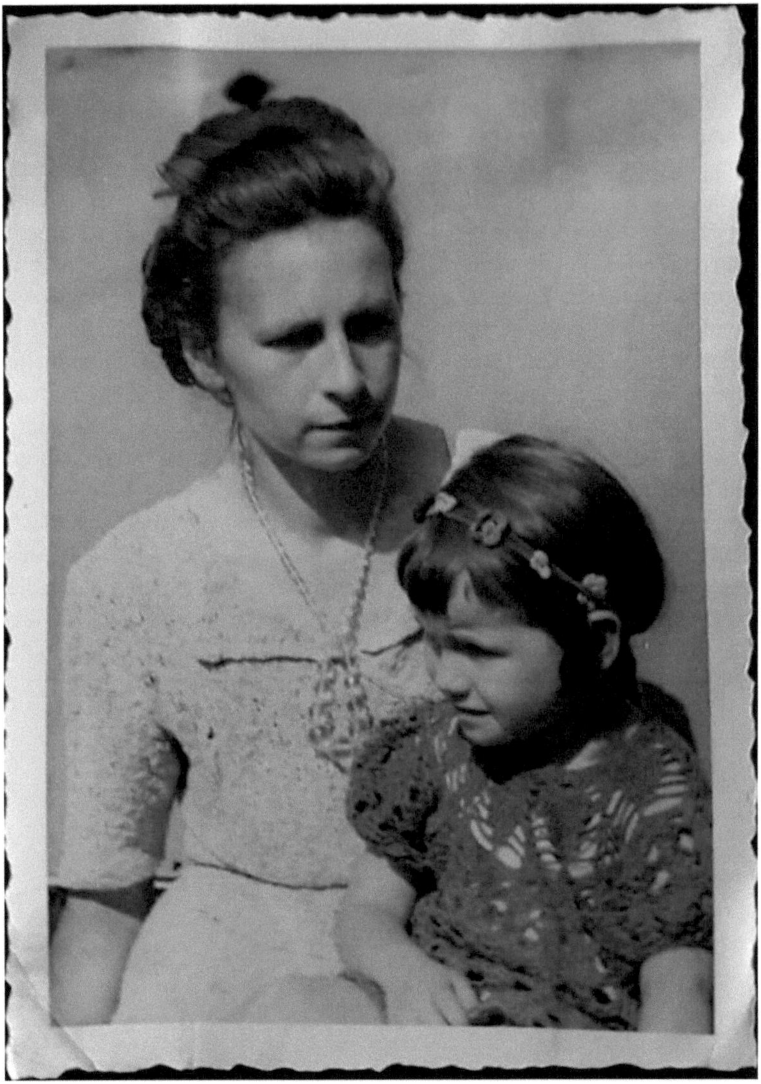

Ein Mittel für oder gegen die Erinnerung? Ohne weitere Informationen lässt sich das Bild zwar als Studienmaterial, beispielsweise zur Mode in den 1950er Jahren nutzen, verrät aber fast nichts über die Abgebildeten.

Persuasion

Persuasion ist (1) ein Prozess der Vorbereitung und Überbringung (2) von verbalen und nicht-verbalen Botschaften (3) an autonome Individuen, (4) um ihre Einstellungen, Überzeugungen oder ihr Verhalten (5) zu verändern oder zu verstärken (vgl. Woodward und Denton 1996: 142). Persuasion kann dieser Definition zufolge also sowohl mit Fakten, wie auch mit fiktiven Inhalten erreicht werden. Auch die Zwecke können sehr unterschiedlich sein – so kann es um kommerzielle, wie auch nicht-kommerzielle Werbung gehen oder um Propaganda. Fotografie ist hier also kein „neutrales" Mittel, dient zunächst nicht der Erkenntnis.
Betrachten wir zunächst die Werbung. Sie will, wie die Etymologie vom Althochdeutschen ‚(h)wërban' und ‚(h)wërfan' zeigt, welche mit „werfen" zusammenhängen, etwas treffen und bewegen. Die Etymologien romanischer Sprachen betonen oft das Öffentliche wie zum Beispiel publicité von lat. „publicus = öffentlich" und das englische "advertisment" fokussiert den Rezipienten, der sich der Botschaft zuwenden soll von lat. „advertere = hinwenden". Das schon Ende des 19. Jahrhunderts beschriebene AIDA-Prinzip, später weiterentwickelt als AIDCAS-Modell, fasst die Funktionsweise passend zusammen: Attention bewirkt Interest, fördert Desire, ggf. auch Conviction und resultiert in Action und Satisfaction. Eigentlich müsste man noch den Aspekt "Unterstanding" dazwischen schieben, denn Werbung muss natürlich auch im Sinne der Werbetreibenden richtig verstanden werden. Besonders relevant wird dieser Aspekt beispielsweise, wenn es um Werbeplakate geht, die international geschaltet werden sollen: Funktioniert der visuelle Code auch in einem anderen kulturellen Kontext? Oder spricht dasselbe Motiv dort auf eine ganz andere Weise an oder stößt es gar ab?

Awareness Raising kann auf ganz ähnliche Weise wie Werbung funktionieren und auch hier ist das "Understanding" von fundamentaler Bedeutung, insbesondere, wenn es sich um komplexere Zusammenhänge handelt. Hier können durchaus gegensätzliche Interessen bestehen: Soll eine Werbung für wohltätige Zwecke geschaltet werden, geht es meist in erster Linie um das Erzielen von Spendengeldern. Andererseits kann es aber auch im Sinne der Werbetreibenden sein, dass sich der Blick der

Rezipienten für eine politisch-gesellschaftliche Lage schärft, dass der Rezipient demnach auch andere Standpunkte kennenlernt und vertritt, sich mittelfristig engagiert oder bei der nächsten Wahl sein Kreuzchen unter diesem Einfluss macht. Ein Werbemotiv, das eher schnelles Geld verspricht, mag im Sinne der zweiten Absicht unpassend erscheinen.

Bei jeder Form von Persuasion zentral ist die Ansprache von Bedürfnissen beziehungsweise die Motivation. Psychologische Motive wurden mehrfach in verschiedene Kategorien unterteilt, so etwa von Abraham Maslow oder Clayton Alderfer. Bei der Analyse von Werbung wird jedoch oft deutlich, dass ganz unterschiedliche psychologische Motive ins Spiel kommen können, um mit ihnen dasselbe Produkt oder dieselbe Dienstleistung zu bewerben, oder dass Werbungen unterschiedliche Motive gleichzeitig ansprechen können. Es zeigt sich also eine komplexe Situation, die meist eine Bildanalyse erforderlich macht.
Die Fotografie leistet für die Persuasion allerdings nicht nur als Werbematerial oder Material zum Awareness Raising umfassende Dienste. Durch Foto- und Videokameras kann auch das Konsumverhalten präzise zur Analyse festgehalten werden und das dabei entstandene Bildmaterial lässt sich ggf. in einem zweiten Schritt partizipativ nutzen (vgl. Dion 2007). So kann man nicht nur herausfinden, ob Persuasion funktioniert, sondern auch Hinweise zu den Gründen erhalten, etwa, ob die Platzierung einer Werbung mehr oder minder gelungen ist und welche Bedürfnisse letztlich angesprochen wurden.

Ferner bietet die systematische Betrachtung von Werbung auf einem allgemeineren Level eine Art Spiegel der Gesellschaft: Ihre Analyse kann dabei helfen, gesellschaftliche Meinungen, Vorstellungen und Trends herauszufinden und die Zusammenhänge zwischen "photographic images" und "images we imagine" darzustellen (Figueroa 2008: 72). Um Fotografie sinnvoll als Spiegel zu „lesen", bietet sich die semiotische Analyse an, die Bezüge zur Rhetorik aufweist. Spätestens, seit Kenneth Burke 1950 Rhetorik als symbolische Aktion definierte, hat sich der Begriff von seiner Fixierung auf die Lautsprache gelöst (Susanka 2015: 8): „Für die Rhetorik gilt: Eine eigenständige Bildrhetorik kann nur möglich sein, wenn ein Bildermacher die Bedeutungen seiner Bilder zumindest produktionsseitig in irgendeiner Form determinieren kann. Von dieser Warte aus muss auch die in der Forschung gängige Vorstellung hinterfragt werden, dass Bilder immer und ausschließlich viel-, mehrdeutig oder gar vage seien" (Susanka 2015: 16) – wenngleich Bilder, ebenso wie Texte natürlich je nach Vorwissen, Stimmung, kulturellem

Kontext etc. des Rezipienten unterschiedlich aufgefasst werden können. Allerdings wird bei Werbebildern eben doch davon ausgegangen, dass eine bestimmte Lesart für die Rezipientenschaft typisch ist, und da in die Werbung und in die Werbeforschung viel investiert wird und viel von ihr abhängt, darf man davon ausgehen, dass die Entscheidung der Betreffenden für eine Werbung einer gewissen Grundlage nicht entbehrt.

Glaubwürdigkeit

Geht es um Persuasion, wird sich besonders häufig foto- und videographischer Bilder bedient, etwa im Gegensatz zu Graphiken oder gemalten Bildern, die insgesamt deutlich seltener Verwendung finden. Dabei spielt offenbar der Bezug der Fotografie zur Wirklichkeit eine wichtige Rolle, selbst wenn der Betrachter durchaus um die Möglichkeiten der Inszenierung und der Bildbearbeitung weiß. So wirken beispielsweise Fotografien im Bereich Erotik und Pornographie häufig beim unreflektierten Beobachten, das die Produktionssituation außer Acht lässt, durchaus glaubhaft (wenngleich gerade mit Blick auf Pornographie auch ein spielerischer Umgang mit dem Medium konstatiert wurde, der Spaß am Inszenieren und sich selbst in Szene setzen, vgl. Gehrke 2004: 242).
Auch im Falle von Werbung ziehen Fotografien ihre Kraft aus der Glaubwürdigkeit – sei es aus Faktischem, wie dass ein Waschmittel wirklich sauber wäscht, oder aus Emotionalem, wie dass dieses „sauber“ sogar „rein“ ist und damit auf seine eigene Art unwiderstehlich. Besonders interessant ist in diesem Kontext die Unterschwelligkeit, mit der Werbung Ideale vermittelt und sich in unsere Köpfe einschleichen möchte. Hier denkt man möglicherweise direkt an die Propaganda, die eine spezielle Form der Werbung darstellt, welche die politische Meinungsbildung beeinflussen möchte. Die geschickte Vermischung von (Fehl-)Information und Ideologie spielt dabei eine besonders wichtige Rolle. Fotografie erscheint hier ähnlich einer Falle: “A trap […] communicates a deadly absence – the absence of the man who devised and set it, and the absence of the animal who will become the victim. Because of these marked absences, the trap, like all traps, functions like a powerful sign” (Gell 1999: 200) – genauso bleiben der Fotograf beziehungsweise seine Auftraggeber und deren exakte Agenda zumindest dem beiläufigen Betrachter oft im Verborgenen.
Man muss jedoch gar nicht so weit gehen und Propaganda betrachten. Selbst gewöhnliche Werbung, die ihre Inszenierung keineswegs

verschleiert, kann als gefährlich betrachtet werden, und das nicht nur, weil sie den menschlichen Geist zu unterwandern versucht und Handeln bewirken will, das primär den eigenen Zwecken zugutekommt. Gerade in letzter Zeit geriet auch die irreale Welt, die die Werbung generell kommuniziert, in die Kritik: "The rampant use of Photoshop and digital manipulation on practically all advertising and magazine covers contributes to the popular ideals of beauty as Eurocentric, artificially skinny, and unattainable" (Share 2015: 98). Subtil propagiert die Werbung damit ein bestimmtes Ideal und vermittelt, wie ein gutes, erfolgreiches, erstrebenswertes Leben auszusehen hat. Gerade, weil sie meist beiläufig wahrgenommen und nicht kritisch analysiert wird, mögen sich die von ihr vermittelten Bilder umso stärker im Unbewussten festsetzen.

Allerdings erscheint zu viel Perfektion unter Umständen weniger wirkmächtig: „Die bis in letzte Detail ausgeleuchteten Bilder der Vollkommenheit lassen uns letztlich kalt" (Binotto 2006: 14), so beschreibt Johannes Binotto ein Gefühl, das uns vielleicht allen bekannt ist, und weiter: „Wo das Bild perfekt, ohne Lücke und Narbe ist, da findet das Begehren keine Möglichkeit, sich einzunisten, sondern perlt an der Oberfläche ab wie Regentropfen an einem Regenschirm. Dieser Mangel des Mangels erledigt jedes Begehren. Was bleibt, ist Langeweile" (Binotto 2006: 15). Das, an dem es fehlt, ist vergleichbar mit Roland Barthes Begriff des „Punctum". Das Punctum berührt und fasziniert uns beim Betrachten von (manchen) Bildern: Es „durchbricht (oder skandiert) das *studium*. Diesmal bin nicht ich es, der es aufsucht […], sondern das Element selbst schießt wie ein Pfeil aus seinem Zusammenhang hervor, um mich zu durchbohren" (Barthes 1989: 35). Offenbar liegt dieses Punctum darin, dass man selbst Bezug zu einer Situation herstellen kann, sie als „echt" und damit als relevant begreift.
Wenn Binotto von „Lücken" oder „Narben" spricht, treten hier die individuelle und die zeitliche Dimension ins Bild und mit ihr auch einerseits Melancholie, andererseits auch schlicht das Leben selbst: Im Gegensatz zur toten Modepuppe zeigt der Mensch Spuren der Zeit. Dieser Kontext erinnert auch an das japanische Konzept von wabi-sabi, das explizit die zeitliche Dimension des Daseins würdigt: Schönheit ist unvollkommen, nicht perfekt und vergänglich (vgl. Sartwell 2004: viii). Eine völlig makellose Schönheit lässt kalt, weil sie unecht und unmenschlich wirkt, weil man den Eindruck gewinnt, der Fotograf oder das Model präsentieren sie unauthentisch.

Der Begriff „authentisch" besteht seinem griechischen Wortstamm „αὐθεντικός" folgend aus „selbst" und „seiend" und wird oft als „Synonym von Unmittelbarkeit" (Knaller und Müller 2000: 45) verwendet. Authentizität gilt als eine Eigenschaft, die gerade die Fotografie gegenüber anderen Medien wie etwa der Malerei oder der Computergraphik auszeichnen kann. Aus verschiedenen Gründen wird Authentizität zunehmend wichtig: In Zeiten einfacher Retuschemöglichkeiten ahnt man, dass das Gegenüber viel bearbeitet haben könnte, und sucht nach Markern für das Echte, was umso mehr ins Gewicht fällt, als dass gerade die sozialen Medien besonders gut parasoziale Beziehungen ermöglichen, diese aber quasi sinnentleert werden, wenn das Gegenüber eben nicht als echt wahrgenommen wird.
So erklärt sich auch, warum in digitaler Zeit analoge Bildlooks im Trend liegen: Der (angebliche) analoge Entwicklungsprozess ist eine Art Garant für das „Echte", ebenso wie der sofortbildtypische Rahmen und Look – erstaunlich, da Sofortbilder ja gerade eine eigene Ästhetik mitbringen, die die Welt nicht ungefiltert zeigt. Sie wirken zum Beispiel besonders „roh" und geben Farben auf spezielle Weise wieder. Cross Processing, Aging und Vintage-Look verleihen dem Digitalen eine haptische Komponente, lassen das Bild wie einen analogen Abzug und damit wie ein real, nicht (nur) virtuell existierendes Foto wirken: "By making our digital photos appear physical we are attempting to purchase the cachet and importance that physicality imparts. I've noted in the past this trend to endow the physical with a special importance" (Jurgenson 2011). Diese „besondere Bedeutung" klingt hier ähnlich wie Walter Benjamins Konzept der Aura: Obgleich Fotografie ja ihm zufolge eine auralose Kunst ist, kann das physisch vorhandene Bild so etwas wie eine Aura entwickeln, eine einzigartige Präsenz im Hier und Jetzt – das Virtuelle hingegen entbehrt sie. Am physisch Vorhandenem vollzieht sich auch die Zeit: „Gerade die Verfremdung beziehungsweise die Abweichung wird zur Signatur einer besonders authentischen und unmittelbaren Wiedergabe" (Schrey 2015: 11).
Ein weiteres Beispiel, das den Wunsch nach Authentizität illustriert, stammt aus der Modelszene. So erklärt sich, dass Modelagenturen mittlerweile (auch) besondere Typen suchen, dass vermehrt von "Personality" gesprochen wird, was u.a einen eigenen Stil meint (zur kritischen Reflektion des Begriffs vgl. Lippl und Wohler 2011: 241). In einigen Eigenschaften dürfen Modelle mittlerweile vom Schönheitsideal abweichen und sich selbst ausdrücken – vermehrt erlauben auch bekannte Modelagenturen beispielsweise, dass Modelle größere Tattoos besitzen. Zudem gibt es auch Modelagenturen für Modelle mit sehr

außergewöhnlichem Aussehen, darunter extremen Bodymodifications oder großer Körperfülle, sowie für Menschen mit einem Äußeren, das gemeinhin für besonders unattraktiv gehalten wird. Ein Beispiel stellt die Agentur "Misfit Models" dar, die das Konzept schon in ihrem Namen verrät und zugleich das authentische und mutige „nicht passen wollen" assoziieren lässt.
Doch auch hier ist ein Menschenschlag unterrepräsentiert: Der ganz gewöhnliche, herkömmliche Mensch, derjenige, der meist mit der Werbung angesprochen werden soll. All die Überlegungen zur Authentizität führen nämlich zu einem Spannungsfeld: Einerseits besteht der Wunsch nach Authentizität und auch Werbetreibende, sei es für Großunternehmen oder für den privaten Instagram-Account, wissen, dass Authentisches erwünscht ist. Andererseits besteht aber zugleich der Wunsch, sich von der Masse abzuheben, aufzufallen. Meistens geht es dabei auch darum, sich und sein Produkt oder seine Dienstleistung im Vergleich positiv darstellen zu können, also als attraktiver, interessanter, beliebter, klüger, mutiger, cooler oder selbstbewusster wahrgenommen zu werden, ähnlich wie Henri Tajfel und John Turner es für den sozialen Vergleich beschrieben haben (vgl. Tajfel und Turner 1986). So ergibt sich eine Gratwanderung.
Andererseits ist aber zumindest bei reflektierter Betrachtung auch klar, dass die Inszenierung gewissermaßen authentisch ist, da sie offen darlegt, dass sie inszeniert ist (vgl. Venohr 2010: 47). Nur selten wählt man für das, was im weitesten Sinne Werbeeffekte ergeben soll, ein Bild aus, das in einem ganz anderen Kontext etwa rein dokumentarisch motiviert entstanden ist. Auch typische Selfies legen dar, wie sie entstanden sind – man sieht den Arm des Selfie-Fotografen hin zum Handy – aber auch gewöhnlichen Fashionfotos sieht man oft an, dass speziell für den Zweck des Fotos verschiedene Aspekte hergerichtet, arrangiert und komponiert wurden, dass es einen solchen Moment so ohne die Fotografie nicht gegeben hätte – es wird authentisch inszeniert.

Traumwelt

"Since its inception in 1839, artists have explored photography's vast creative potential, which included the capacity to convey deliberately crafted 'untruths'" (Garcia 2011: 6). "Untruths", von Erin Garcia in

Anführungsstriche gesetzt, erscheint in diesem Kontext in mehrfacher Hinsicht kontraintuitiv: Fotografie zeichnet sich durch eine besondere Beziehung zur visuellen Realität aus, die oft gerade mit mehr „Wahrheit" oder „Echtheit" in Verbindung gebracht wird und sie von anderen Medien wie der Malerei oder der Graphik abhebt. Außerdem sollte doch gerade im Kontext der Persuasion wie zuvor beschrieben die Suggestionskraft der Fotografie darin liegen, eine Beziehung zum eigenem Leben herstellen zu können.
Inszenierungen und Bildbearbeitungen schließt dies natürlich nicht aus: So versuchen denn auch viele fotografische Unwahrheiten wie die berühmt gewordenen frühen Montagen von Abraham Lincoln (vgl. von Lüpke 2014), Hitler, Stalin und Mussolini das kollektive Gedächtnis zu beeinflussen. Diese Manipulationen waren von ihren Urhebern beziehungsweise Auftraggebern aber dazu intendiert, vom Rezipienten für wahr befunden zu werden.

Allerdings gibt es auch fotografische Unwahrheiten oder „Traumwelten", die kein Geheimnis daraus machen, die keineswegs das Mantra „so ist es gewesen" wiederholen möchten, sondern offensichtlich hochgradig inszeniert und bearbeitet sind – und dennoch oder gerade deswegen eine hohe Suggestionskraft besitzen. Dies mag einerseits an den Themen fantastischer Bilder liegen: Das, was sie oft ausmacht, das Außergewöhnliche, Opulente, Romantische, Verspielte und Unerklärliche bleibt in unserem Alltag oft auf der Strecke und erlebt in der Fantasiewelt Befriedigung (vgl. Fischer 1984: 217). Häufig geht es dabei um Bilder, die als „Kitsch" bezeichnet werden. Kitsch hat seinen Ursprung in der Sehnsucht nach dem Guten, nach einer Utopie (vgl. Gyr 2005: 362). Der Begriff kam um 1880 auf und bezeichnete billige, für Touristen angefertigte Gemälde. „Obwohl die Wortentstehung auf die Sphäre handwerklicher Kleinproduktion verweist, prägte die im selben Zeitraum einsetzende industrielle Massenproduktion von Konsumgütern die Geschichte des Kitsches, so dass er mitunter zum Synonym für Massenkultur wurde" (Illing 2006: 219). Kitsch wurde somit auch zum Synonym des ungebildeten, unkritischen Geschmacks und damit als "the enemy of art" (Retief 2003: 680) bezeichnet, und diente als politisches Mittel, die Massen zu beruhigen (vgl. Retief 2003: 681). In den letzten Jahrzehnten wurde die Traumwelt, die der Kitsch eröffnet, aber mehr und mehr selbst zum Gegenstand auch „ernstzunehmender" Kunst (selbst wenn man der Unterscheidung in E- und U-Kunst durchaus kritisch gegenüberstehen kann): Einerseits greift kitschige Kunst das Phänomen ironisch auf und setzt es damit wiederum von der Massenkultur ab, andererseits erklärt sie es aber auch für salonfähig und erlaubt gewissermaßen, in Kitsch zu schwelgen. Dabei könne durchaus kontroverse Themen bearbeitet werden. Das Künstlerpaar Pierre et Gilles inszeniert seit den 1980er Jahren homosexuelle Männer in kitschiger Weise und setzen damit ein Statement gegen die Diskriminierung. Jeff Koons präsentiert 1989 eine Serie bunter Fotomontagen unter dem Titel "Made in Heaven". Zusammen mit seiner Frau, der Pornodarstellerin Cicciolina (Ilona Staller) inszenierte er intensiv farbige, pornographische Bilder, die nicht viel der Vorstellung überlassen. Er selbst erläuterte dazu: "I'm interested in the spiritual, to be able to show people that they can have impact, to achieve their desires" (Koons zitiert in Storm 1998: 59). Einige Künstler wie David LaChapelle überschreiten dabei auch die Grenze zwischen Kunst und Kommerz. LaChapelle fotografierte beispielsweise in seinem bunten, überladenen und leicht surrealen Stil Kampagnen für H&M und Diesel.

Ihre Suggestionskraft ziehen solche Fotos aber nicht nur aus ihren Bezug zu menschlichen Sehnsüchten, sondern durchaus auch aus ihrem Bezug zur Realität: Optische Parallelen erleichtern es dem Rezipienten, sich auch bei kurzer Betrachtung in das Foto einzufühlen, sich die Traumwelt umso besser vorzustellen. Eine wichtige Parallele stellt etwa die Dreidimensionalität dar: Das Foto erscheint hier wiederum als ein Fenster – zwar in eine andere Welt, aber eben doch in eine *vorstellbare* Welt. Diese Welt mag uns aus unseren (Tag-)Träumen sogar bekannt sein, welche Wechselwirkungen mit den medial präsentierten Traumwelten eingehen können.

Dies soll jedoch nicht darüber hinwegtäuschen, dass es auch durchaus Fotografien gibt, die ihre Zweidimensionalität nicht verschleiern – Jeff Koons "Made in Heaven" und viele Arbeiten von Pierre und Gilles weisen mit collagierenden Elementen tatsächlich ein Stück weit in diese Richtung. Geht es aber in erster Linie um die werbliche Persuasion, ist dies seltener der Fall, die Bilder können deswegen überzeugend wirken, weil sie eine fantastische, aber denkbare Welt darstellen und damit weniger den Verstand, denn das Gefühl ansprechen.

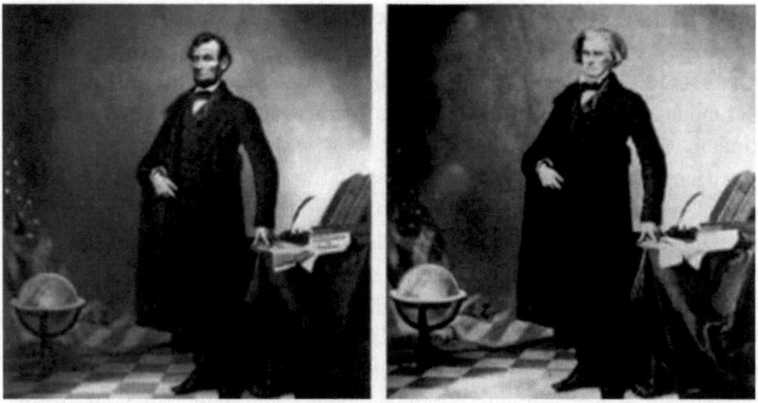

Seit Anbeginn der Fotografie gab es Fotomanipulation. Hier wurde Anfang bis Mitte der 1860er Jahre, vermutlich vom Portraitmaler Thomas Hicks, Abraham Lincolns Kopf auf den Körper des Südstaatenpolitikers John C. Calhoun montiert – offenbar, weil es kaum heroische Bildern von Lincoln zur Zeit seiner Ermordung gab. Lincolns Gesicht ist dabei seitenverkehrt geraten. © Wikicommons

Awareness

Der Begriff "Awareness Raising" meint meist die Bewusstseinsbildung für (gesellschaftliche) Probleme. In diesem Kontext nahm die dokumentarische Fotografie seit jeher eine wichtige Stellung ein. Anders als der Begriff „dokumentarisch" suggeriert, wird dieses Genre wie oben bereits gezeigt oftmals nicht als eine Art der Fotografie verstanden, die etwas neutral abbildet, sondern als motiviert vom Willen des Fotografen, eine Botschaft zu transportieren, die die persönliche Bedeutsamkeit transzendiert und politisch wird (vgl. Baacke 2014: 44). Hier zeigt sich die Hoffnung, dass die fotografische Berichterstattung „zu einer Verbesserung der Verhältnisse beitragen könnte" (Fromm 2013: 241), denn Fotografen legen durch ihre Bilder fest, was öffentlich wahrgenommen wird, was über eine Situation transportiert wird.

Dabei ist diese Art der Fotografie auch im Bereich partizipativer Fotografie denkbar: Brinton Lykes beschreibt, wie im guatemaltekischen Chajul Frauen die Fotografie zusammen mit (weiteren) partizipativen Methoden nutzen, um eine öffentliche Zeugenschaft zu kreieren (vgl. Lykes 2001: 366) und darin außerdem die Möglichkeit einer Heilung sehen. Awareness Raising braucht folglich nicht unbedingt externe

Fotojournalisten oder Werbefachleute, sondern kann auch „von innen" geschehen. Ein Hindernis stellt hier allerdings unter Umständen die mangelnde fotografische Bildung dar: Bilder, die nicht für „mächtig" befunden werden, können schwieriger Einzug ins kollektive Gedächtnis finden – werden schlicht weniger von Agenturen gekauft, weniger veröffentlicht, weniger wahrgenommen. Fotografische Bildung, ggf. auch die „Unterwerfung" unter sogenannte „westliche" ästhetische Normen mag dafür sorgen, dass betroffene Menschen selbst Bewusstsein für ihre Situationen transportieren können – allerdings mögen die fotografischen Resultate auch durch ebendiese Bildung verformt oder gar verfälscht werden. Eine andere Frage betrifft die Agenda jener Menschen. Sind sie selbst daran interessiert, ein kritisches Bewusstsein zu erzeugen oder wollen sie lieber schnelle Spendengelder generieren? Welche Ethik, welche soziale Erwünschtheit liegt ihrer Selbstdarstellung zugrunde?

Zudem gibt es auch fundamental kritische Stimmen gegen Fotografie als Mittel, Awareness Raising zu betreiben. In seinem Buch "Camera Lucida" schreibt Roland Barthes über ein Foto seiner Mutter – doch zeigt er es nicht. Für ihn ist es ein wichtiges Bild, für jeden anderen Betrachter hingegen wäre es „gewöhnlich". Um es vor diesem Urteil zu bewahren, bekommen wir es nicht zu sehen. Das Foto, zumindest, solange es ohne Text präsentiert wird, mag falsch verstanden oder schlicht übersehen werden. Dies dürfte heutzutage noch stärker ausgeprägt sein als zu Roland Barthes' Zeiten.

Die Bilderflut erschwert es offenbar, Empathie zu empfinden: „Das Gesetz der visuellen Attraktion besagt, dass ein einmal gesehenes Bild nicht mehr ungesehen gemacht werden kann […] aber das bedeutet nicht, dass eine Fotografie auch zwangsläufig zur Grundlage proaktiven politischen Protests und Handelns würde. Zu viele grausame und tragische Bildeindrücke können von einer proaktiven Empathie in ‚leere Empathie' umschlagen, die zu einer emotionalen Abstumpfung und Verrohung bei den BetrachterInnen führen kann" (Müller und Knieper 2019: 163). Worüber man nicht sprechen kann, darüber soll man schweigen – vielleicht gilt dies auch für den Bereich der Fotografie: "Does pain immortalized through photography 'communicate' universally, and thus exempt the atrocity image from critical scrutiny? If not […] we should not be looking" (Crane 2008: 311f.) und, so lässt sich hinzufügen, nicht fotografieren. Ein Foto kann das Unsägliche, Unzeigbare möglicherweise eben nicht angemessen transportieren und erzeugt nur eine verzerrte Vorstellung – sei es, weil es kein angemessenes Bildmaterial gibt oder weil etwas nicht adäquat fotografierbar ist. Nutzt man doch Bilder, so läuft das folglich der adäquaten Repräsentation zuwider: "This type of memory goes against what it wants to remember. The event demands a memory of its irreducible character, of its unimaginable singular nature, not the illusion of its overcoming" (Roncallo und Arias 2013: 154). Ohne Bilder ist der Rezipient selbst gefordert, sich ein Bild zu machen und damit, so lässt sich argumentieren, auch involvierter. Andererseits wirkt visuelles Material unmittelbarer und erreicht den Rezipienten daher besser. Dabei muss er sich im Falle von Fotografie die Narrative ein Stück weit selbst erschließen – was ihn ggf. eben doch stark involviert. Zumindest, wenn erklärender Text das Bild begleitet, spricht so doch einiges dafür, Fotos doch für das Awareness Raising zu nutzen.

Fotografieren für das Wohlbefinden

Dient die Fotografie dem psychischen Wohlbefinden, lassen sich wiederum verschiedene Ansatzpunkte unterscheiden: Als Gesprächsgrundlage für Interviews hilft die Fotografie dem Gesprächspartner die Sicht seines Gegenübers zu verstehen. Hierbei kann sowohl von einem der Gesprächspartner, typischerweise dem Forscher oder Therapeuten, initiiertes Bildmaterial zum Einsatz kommen als auch bestehendes Material gewählt werden, sei es, dass es Fotografien sind, an denen der Gesprächspartner (zunächst) nicht beteiligt war und die beispielsweise nur der Elicitation dienen, oder Fotografien, die aus der Kindheit des Betreffenden stammen oder von ihm für welchen Zweck auch immer aufgenommen wurden. Während einige diesbezügliche Aspekte schon unter „Neue Blickwinkel" besprochen wurden oder unter „Fotografiert werden fürs Wohlbefinden" folgen, liegt hier ein Fokus auf (dem Erstellen von) eigenen Bildern. Dabei geht es weniger um statische Bildergebnisse, als um einen dynamischen Prozess, der nicht mit dem Auslösen endet, sondern sich in der Bildbetrachtung fortsetzt. Fotografieren wird hier als eine Aktivität verstanden, die der Psyche guttun kann und / oder deren Ergebnisse auf Arten genutzt werden können, die das Wohlbefinden fördern. Dies bezieht sich keineswegs nur auf die Psychotherapie im engeren Sinne, sondern zum Beispiel auch auf den Kontext von Entwicklungszusammenarbeit, Didaktik und vielen mehr. Folglich sind auch Akteure aus unterschiedlichen Disziplinen angesprochen, darunter auch Künstler, Lehrer und Sozialarbeiter (vgl. Lykes 2001).

Wie schon beschrieben gibt es verschiedene Momente im Bildentstehungsprozess, die für die Psyche wertvoll sein können: Das Planen und die damit verbundene Auseinandersetzung mit bestimmten Themen, das Fotografieren selbst, ggf. auch das digitale Bearbeiten oder das Collagieren, sowie das Betrachten, Besitzen, Präsentieren und Rekontextualisieren von Fotografien – also einerseits der Prozess des Erstellens, andererseits die weitere Arbeit mit den Fotografien. Oftmals kann beides jedoch nicht getrennt voneinander betrachtet werden, sprich das eigentliche Fotografieren liefe vielleicht anders ab, wenn man wüsste, dass gar keine Speicherkarte in der Kamera liegt – und das selbst, wenn man sich die Bilder mit hoher Wahrscheinlichkeit sowieso niemals wirklich anschauen wird.

Im Folgenden konzentriere ich mich zwar auf den Prozess des Fotografierens, dies impliziert jedoch nicht, dass jede Art des Fotografierens stets dem psychischen Wohlbefinden dient. Extrem kompetitives Fotografieren etwa könnte sogar kontraproduktiv sein. Dass aber so viele Menschen Fotografie als ihr Hobby nennen – immerhin 36,5 Millionen Menschen in Deutschland haben laut Statista „besonderes“ oder „mäßiges“ Interesse am Fotografieren (Statista 2020) – zeigt doch, dass die Tätigkeit Menschen tendenziell angenehm ist und damit auch, dass hier ein großes, noch wenig genutztes Potential besteht.

Achtsamkeit und Erlebnis

„Wenn ich fotografiere, bin ich meist angespannt, ich bin hellwach und fokussiert. In diesem Modus erkunde ich meine unmittelbare Umwelt im Großen wie im Kleinen“ (Eberle 2016: 99), berichtet der Soziologe Thomas Eberle über seine eigene fotografische Praxis. Ferner beschreibt er, dass er sehr viel lieber jedes Jahr neue Fotos von denselben Blumen im Garten aufnimmt, als alte Bilder zu sortieren und zu bearbeiten, auch wenn dies letztlich zu den besseren Bildresultaten führen würde. Es ist aber vor allem die Aktion des Fotografierens selbst, die ihm positive Gefühle beschert. In ihrem Artikel “How Taking Photos Increases Enjoyment of Experiences” (2016) gehen Kristin Diehl et al. diesem Phänomen mit einem Experiment nach, das zeigt, dass dieselbe Stadtrundfahrt mit Fotokamera mehr genossen wird als ohne. Dies gilt, so schließen die Autorinnen, generell für Aktivitäten, die die Beschäftigung mit dem Erlebnis stärken – allerdings nicht für Aktivitäten, die selber schon starke Aufmerksamkeit erfordern oder bei denen die Fotografie als störend empfunden wird.

Hier zeigen sich Ansatzpunkte zur Klärung der Frage, warum das Fotografieren gerade auf Reisen, wo neue, vor allem auch visuelle Eindrücke gewonnen werden, besonders gerne betrieben wird: Zunächst bietet die Fotografie eine Beschäftigung, die dem getriebenen Alltagsmenschen das Gefühl gibt, etwas Sinnvolles zu tun, aktiv zu sein. Außerdem wird sie als eine Möglichkeit betrachtet, sich selbst zu fokussieren, das heißt, die eigenen Eindrücke zu reduzieren und damit die womöglich überwältigende Menge an Impressionen handhabbar zu machen. Zugleich bedeutet dies aber auch, das Fokussierte intensiver wahrzunehmen und ggf. später, nach dem Fotografieren, noch genauer zu analysieren oder dazu zu recherchieren, also ein besseres Verständnis für das Fotografierte zu erlangen.

Zudem schult Fotografie zur „Wahrnehmung auch für Details, für kleine Dinge“ (Hoffmann 2005: 187). Dies erinnert an den Begriff der Achtsamkeit oder Mindfulness: “Mindfulness is essentially about waking up to what the present moment offers” (Brown et al. 2007: 272). Jon Kabat-Zinn, der Begründer der “Mindfulness-Based Stress Reduction” erklärt das Konzept folgendermaßen: “It (= Mindfulness) is one of many forms of meditation, if you think of meditation as any way in which we engage in (1) systematically regulating our attention and energy (2) thereby influencing and possibly transforming the quality of our experience (3) in the service of realizing the full range of our humanity and of (4) our relationships to others and the world” (2012: 1). In dieser Beschreibung betont Kabat-Zinn bereits das methodische Vorgehen. Zur Regulierung der Aufmerksamkeit scheint sich die Kamera ganz besonders anzubieten, und auch die angesprochene Transformation der Erfahrungsqualität dürfte vielen Fotografen bekannt sein. Ähnlich wie das Fotografieren lässt sich auch die Achtsamkeit als ein Prozess verstehen, bei dem „die Aufmerksamkeit nicht-wertend auf den gegenwärtigen Augenblick gerichtet wird“ (Anderssen-Reuster 2009: 1), wie ein Fotograf, der durch den Sucher blickt und ohne klare Erwartungshaltung oder Agenda schaut, was sich ihm darbietet – jedoch ohne die Absicht, zu fotografieren, gar nicht erst in diese Situation gekommen wäre.
Hierbei spielt auch eine relativistische Haltung eine Rolle, die Auffassung, dass die eigene Sichtweise nicht absolut und die einzig „richtige“ ist, sondern dass man die Dinge stets auch anders betrachten kann. Damit setzt man sich in eine bestimmte Position zur Welt, als integrativer Teil, nicht als übergeordnet. Diese Positionierung verhilft nicht nur zu mehr Wissen über die Welt, sondern auch zu einer annehmenden Grundhaltung: “Ultimately, I see mindfulness as a love affair – with life, with reality and imagination, with the beauty of your own being, with your heart and body and mind, and with the world” (Kabat-Zinn 2012: 1f.).

Dies ähnelt auch dem Empfinden von Flow, definiert als „ein freudevolles Aktivitätsgefühl, in dem man völlig in der Sache, mit der man sich beschäftigt, aufgeht. Dabei werden die gesamte Aufmerksamkeit und das gesamte Denken von dieser Tätigkeit absorbiert; man vergisst Zeit und Umgebung“ (Fischer und Wiswede 2009: 100). Hierfür ist es wichtig, dass der Fotografierende sich durch die Tätigkeit weder unter- noch überfordert fühlt – und gerade die Fotografie lässt sich besonders leicht dem eigenen Können und Neigungen anpassen, weil sie mehrere verschiedene Dimensionen bietet, wie zum Beispiel die technischen Aspekte, aber auch die Motivwahl, das Arrangement, das Styling, die Bearbeitung, etc., so dass sie jeweils „passgenau“ gestaltet werden kann.

Neben der Begleitung von Erlebnissen (oder schlicht, des Lebens) kann Fotografie aber auch selbst Erlebnisse nahelegen beziehungsweise ermöglichen. Ingrid Thurner schreibt hier eher pessimistisch: „Es wird nicht dokumentiert, was man erlebt hat, sondern man erlebt es nur, weil man es dokumentiert“ (Thurner 1992: 31) – andererseits wird aber auch klar, dass viele Erlebnisse ohne die Absicht, fotografiert zu werden, gar nicht stattgefunden hätten. Um bei Thurner und ihrem Beispiel zu bleiben: „Man würde sich nicht mitten in eine Horde Kinder stellen, an jeder Hand eines haltend, wenn man sich nicht fotografieren ließe. Man würde nicht den Arm um zwei völlig Unbekannte, fotogen Gekleidete legen, die sich als haupt- oder nebenberuflich tätige Fotomotive verdingen“ (Thurner 1992: 31) – doch dies muss für keinen der Beteiligten negativ sein. Auch wenn manche speziell für die Fotografie inszenierte Erlebnisse als pseudo-authentisch belächelt werden mögen – die „haupt- oder nebenberuflich tätigen Fotomotive“ würden ohne diesen Beruf wohl kaum ihre „fotogene“ Kleidung tragen –, kann dies trotzdem dazu führen, dass Traditionen und kulturelle Identität gefördert werden: So wird es für die Einheimischen attraktiver, beispielsweise alte Handwerkskünste oder besondere Tänze zu erlernen und auch der Stolz auf das Eigene mag gestärkt werden. Außerdem findet letztlich eben doch auch Kommunikation mit anderen Menschen statt, die es sonst ggf. gar nicht gegeben hätte und die zumindest die Chance eröffnet, das Fremde besser kennenzulernen (vgl. Rubinkowska-Aniol 2017: 124) und damit auch eine neue Perspektive auf das Eigene zu erhalten.

Außerdem kann das Fotografieren bedeuten, dass man sich selbst zu Erlebnissen „pusht“, um sie zu fotografieren, wie José van Dijck mit dem Blick auf social media Profile beschreibt: “Youngsters appear to take less interest in sharing photographs as *objects* than in sharing them as *experiences*” (van Dijck 2008: 61). Wegen der beziehungsweise für die Fotografie überwindet man sich zu Erlebnissen, sowohl quantitativ – man erlebt mehr –, wie auch qualitativ – man erlebt Interessanteres. Natürlich stellt sich hier die Frage, ob Erleben per se einen Wert für die Psyche darstellt. In vielen Fällen ist es aber sicher dem passiven Nicht-Erleben

vorzuziehen und trägt oft Züge von Horizonterweiterung und Selbsterfahrung. Noch deutlicher wird dies oft beim Fotografiertwerden, daher soll an späterer Stelle mehr darauf eingegangen werden.
Ähnlich dem Fokussieren beim Fotografieren selbst kann übrigens auch die Arbeit mit dem Bildresultat dem Einzelnen helfen, seine Erfahrungen einzuordnen: Die Welt wird handhabbar unter dem abendlichen Lampenlicht (vgl. Osborne 2000: 64). So kann es auch sinnvoll sein, in Situationen, bei denen man eine Reizüberflutung empfindet, sich auf das Fotografieren zu konzentrieren – nicht nur, weil es beim Fokussieren hilft, sondern auch, weil man auf diese Weise Material erschafft, das man später in Ruhe, ggf. auch mit der Möglichkeit zu Recherche und Diskussion, verstehen und verarbeiten kann und dies sogar auch im Team oder zusammen mit einem Mentor, Experten oder Therapeuten unternehmen kann.

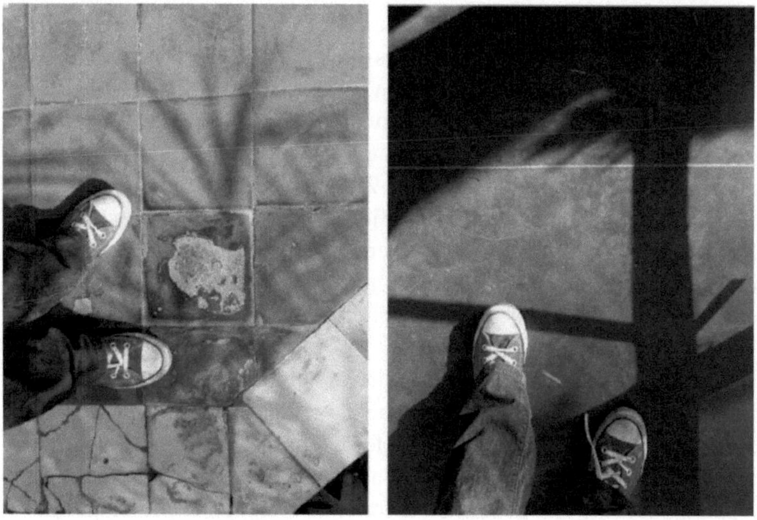

Der durch die Fotografie initiierte Perspektivwechsel soll es erleichtern, auch im Alltag neue Blickwinkel zu finden.

Ersatzhandlung

Immer wieder wird Fotografie mit mehr oder minder antisozialem Verhalten in Verbindung gebracht, vor allem mit Voyeurismus und Aggression (vgl. Burgin 1982: 20, Thurner 1992: 27): „Der arme Fotografierte trägt […] die Züge des Opfers, sogar des Sündenbocks, auf dem die gruppeninternen Spannungen abgeladen werden“ (Thurner 1992: 28), beschreibt Ingrid Thurner die Fotografie bei Gruppenreisen. Dies passt zum allgemein geläufigen Fotovokabular: Man pirscht sich an, nimmt ins Visier, drückt ab, schießt ein Foto, hat es im Kasten – als ob hier etwas erlegt wird. Diese mehr oder minder implizite Aggression kann im Sinne einer Erleichterung verstanden oder psychoanalytisch als Ersatzhandlung gedeutet werden. Dennoch erscheint sie zumindest ethisch fragwürdig – der Fotografierte wird gewissermaßen degradiert.
Der in diesem Kontext oft genutzte Begriff des Voyeurismus ist weniger offen aggressiv konnotiert und meint in seiner Grundbedeutung nur die Freude am Sehen, wird aber doch oft auch mit unerlaubtem Sehen und mit dem unerwünschten Eindringen in die Privatsphäre anderer in Verbindung gebracht (besonders deutlich, wenn es um kulturelle Kontexte geht, die der Fotografie kritisch gegenüberstehen, vgl. Strother 2013: 177f.). Allerdings gibt es auch nicht-voyeuristisch motivierte Gründe, ohne das Wissen oder gegen den Willen der Fotografierten ein Bild eben doch – beispielsweise als Zeitzeugnis – aufzunehmen. Zudem bestehen auch zahlreiche Situationen, in denen die Fotografie nicht wie hier beschrieben der Kommunikation und Integration eher im Wege steht, sondern sie sogar erleichtert oder bewirkt – und das nicht nur, wenn Menschen sich in exhibitionistischer Manier zeigen wollen (s. Kontakt und Zugang).

Neben dem Ersatz für Aggression wird die Fotografie auch als Ersatz für sexuelle Handlungen oder ihnen analog verstanden, wie der Psychologe Martin Schuster es darstellt: „Der fotografische Akt kennt auch einen Höhepunkt, eine Analogie zur Ejakulation und Orgasmus: das Klicken des Apparats. Bei der Spiegelreflexfotografie ist dieses Klicken sinnigerweise von einem kurzen Moment der Sucherschwärze begleitet (analog zum ‚kleinen Tod‘, wie der Orgasmus auch genannt wird). So kommt die fotografische Handlung – mehr als es die Aktmalerei könnte – nicht nur in das assoziative Umfeld sexueller Animation, sondern kann (die innere Bereitschaft des Individuums vorausgesetzt) für den ganzen sexuellen Akt stehen, an dessen Stelle treten“ (Schuster 2020: 118). Neben der Befriedigung findet sich noch eine weitere Parallele der Fotojagd zur sexuellen Aktivität: Beides geschieht oft ohne den Fokus auf ein

unbedingtes Ergebnis einfach für sich, weil es Freude bereitet. Möchte man den Begriff von „Besitz“ einbringen, geht es beidem eher um einen imaginären, als um tatsächlichen Besitz: Weder gehört dem Fotografen das Fotografierte tatsächlich, noch kann er den entsprechenden Moment zurückholen, noch ist das Foto (zumindest bei digitalen Daten) „in real life“ überhaupt vorhanden – noch mag ihn ein solches Bildergebnis überhaupt interessieren. Stattdessen scheint sich das Gefühl des Besitzens vor allem beim Auslösen, dem „kurzen Moment der Sucherschwärze“ selbst einzustellen und vermag es möglicherweise, das Selbstwertgefühl zu stärken. Durch diesen Moment legt man vielleicht auch fest, was (sogar unabhängig vom Bildergebnis) am ehesten erinnert wird, stellt also eine Struktur für die Erinnerung zur Verfügung (vgl. Jerrentrup 2020).
Der Vollständigkeit halber soll an dieser Stelle nochmals darauf hingewiesen werden, dass Fotografieren auch als Ersatzhandlung für das eigentliche Dabeisein begriffen werden kann und auf diese Weise eine Entfremdung bewirken kann (s.o.). Je nach Situation kann dies positiv sein – man gewinnt auf diese Weise beispielsweise Abstand von Situationen, die als belastend empfunden werden oder schafft es, sie zu rationalisieren, indem man sich die Aufgabe stellt, „gute“ Fotos anzufertigen, oder es gelingt sogar, die Situation aus einer anderen Perspektive zu erleben, beispielsweise ihre ästhetische Komponente zu erkennen. Allerdings kann Fotografieren anstelle von Dabeisein den Betreffenden auch in die Rolle des Outsiders drängen, dem andere Personen nicht mehr natürlich, sondern posierend oder gar ablehnend begegnen. Außerdem kann ihm das Fotografieren auch wichtige emotionale Erlebnisse vorenthalten.

Kreativität

„Shelfie“, „Drelfie“, „Snapaholic“, „Screenshot“, „Photo-bomb” – schon auf sprachlicher Ebene zeigt sich in zahlreichen witzigen Wortneuschöpfungen die Kreativität, die mit der Fotografie verbunden wird (vgl. Share 2015: 99). Geht es um das psychische Wohlbefinden, kommt der Kreativität eine wichtige Rolle zu, da sie zu Gefühlen von Stolz und Befähigung und zu einem gesteigerten Selbstwertgefühl führen kann (vgl. Schuster 2020: 50, vgl. Mundt 2009: 97) und eine positive Entwicklung impliziert, konkret die „Entfaltung eines inneren Kerns des Individuums auch gegen äußere Widerstände und […] eine[r] im weitesten Sinne ästhetischen Transformation alltäglicher Wahrnehmung“ (Reckwitz 2012: 218).

Dabei kommen der Fotografie mehrere Aspekte zugute: Wie andere Kunststile stellt die Fotografie eine gewissermaßen „unreglementierte“ Tätigkeit dar – sie besitzt also anders als beispielsweise das Ballett oder das Orchesterspiel keinerlei Kriterien, die allgemein verbindlich festlegen, was als vielversprechend, erfolgreich oder allgemeiner, als „gut“ gilt und was als schlecht. Auch wenn “Likes” in den sozialen Medien oder Gewinnerfotos von Wettbewerben vielleicht gewisse Tendenzen anzeigen, gibt es doch oft sehr unterschiedliche Meinungen und Bewertungsdimensionen zu ein und demselben Bild.
In der Fotografie begibt man sich also in ein Feld, in dem man die sonst so typischen Bewertungsmechanismen ein Stück weit umgehen kann, man erlebt quasi eine Risikofreiheit, in der man Ideen realisieren kann, ohne aufgrund ihrer vielleicht nicht der Mainstream-Ästhetik folgenden Art der Umsetzung oder ihres vielleicht sozial unerwünschten Inhalts kritisiert oder gar verurteilt zu werden. Außerdem lassen sich Gleichgesinnte beziehungsweise gleiche Bildgeschmäcker über die fotobasierten sozialen Medien besonders leicht, da räumlich unbegrenzt mit Hilfe von Hashtags oder Gruppen finden, was impliziert, dass die Chance gesellschaftlichen Anschlusses besteht, selbst wenn man zum Beispiel eine sehr ungewöhnliche Ästhetik verfolgt.

Ein weiterer, mit dem Vorhergenannten verbundener Aspekt fotografischer Kreativität liegt im Erfolgserlebnis, das sich beim Fotografieren schneller einstellen kann als bei anderen kreativen Arbeiten, die erst eine längere Ausbildung erfordern. Auch die prinzipiell einfache Verfügbarkeit des Equipments spielt eine Rolle: Man muss für erste fotografische Versuche nicht umfangreich investieren, schon ein Smartphone oder eine günstige Kamera reichen vollkommen aus.
Zudem kann Fotografie gut im Team durchgeführt werden, was insbesondere auf die inszenierte Menschenfotografie zutrifft, aber auch beispielsweise Landschafts- und Street-Fotografen treffen sich bei Meet-Ups, in Fotoclubs oder zu gemeinsamen Touren. Zugleich ist man aber auch nicht auf ein Team angewiesen beziehungsweise kann beim nächsten Shooting ein anderes Team zusammenstellen und auf diese Weise die Aktivität nicht nur dem eigenen Bedürfnis nach Sozialkontakten anpassen, sondern diese auch variieren und die zur Entfaltung der eigenen Kreativität bestmögliche Option nutzen.

Das Aushandeln von Kreativität impliziert eine besondere Relevanz für den Alltag der Betreffenden. Die Situation des Fotografierens ähnelt nämlich oft einem kreativen Dialog, der Martina und Johannes

Hartkemeyer und Freeman Dhority zufolge in zwei Arten gegliedert werden kann: Er kann generativ, also ohne vorgegebenes Thema funktionieren, wie auch strategisch, also zielgerichtet (vgl. Hartkemeyer, Hartkemeyer und Dhority 1998: 42 f.). Beide Arten lassen sich auf das gemeinsame Fotografieren übertragen, man trifft sich mit einer vorbereiteten Bildidee im Hinterkopf oder lässt sich aus der Situation heraus inspirieren. Tatsächlich spielt auch das Verbalisieren eine wichtige Rolle (vgl. Krause 1972: 42), was den Betreffenden nicht nur ein Kommunikations-Training bietet, sondern auch dabei hilft, Inneres zu verarbeiten, indem aus etwas sehr Persönlichem und schwer Fassbarem Worte werden, die wiederum in ein Bild transformiert werden. In diesem Prozess der Entäußerung emotionaler Inhalte findet auch eine Rationalisierung und Verarbeitung statt.

Schließlich ist es auch der Bezug zur Realität, der fotografische Kreativität auszeichnet, die Indexikalität, die eine ihrer fundamentalen Eigenschaften darstellt. Sie legt der Kreativität gewisse Grenzen auf – „nicht alles, was im Kopf ist, kann zum Bildergebnis werden“ (Jerrentrup 2018: 60). Dadurch, dass fotografische Kreativität also nicht völlig grenzenlos ist, kann sie relevant werden, denn sie entspricht so eher der im Alltag erforderlichen Kreativität.

Die Kreativität ist natürlich nicht nur auf das Fotografieren selbst begrenzt, sondern erstreckt sich auch auf die Zeit nach dieser Aktivität. Bestehendes, gleich ob eigenes oder fremdes Bildmaterial kann auch neu zusammengestellt werden, womit sich auch neue Narrative erschaffen lassen (vgl. Sinapius 2017: 82) und die Realität aus ganz neuen Standpunkten heraus beleuchtet werden kann. Auch neue Bearbeitungen können bestehendem Bildmaterial andere Botschaften verleihen.

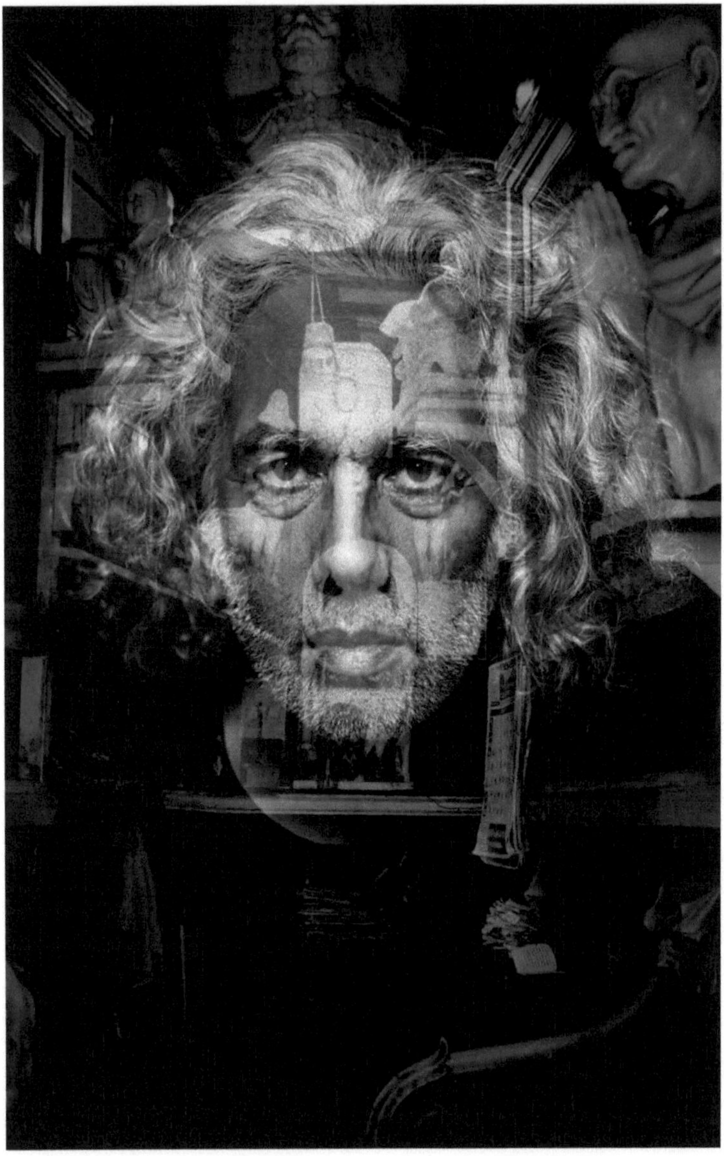

Auch die Bildbearbeitung, hier mit verschiedenen Überlagerungsmodi, kann einen Beitrag zum Wohlbefinden leisten, beispielsweise durch die Chance, sich auf diese Weise besser ausdrücken zu können oder gemeinsam Kreativität zu üben.

Identitätsarbeit

Identität drängt sich hier zwischen „Fotografieren für das Wohlbefinden“ und „Fotografiert werden für das Wohlbefinden“ – denn beides hängt eng mit Identität zusammen.

“All photographs can be viewed as self-portraiture” (Hannah 2013: 10), dieses Zitat, das sich auch als Redewendung im Sprachgebrauch findet, illustriert bereits, dass Fotografie ohne den Ausdruck von Identität kaum möglich ist: Auch als Fotograf zeigt man durch seine Fotos sich selbst oder zumindest das, was man von sich selbst mitteilen möchte. Dies kann strategisch in vielfacher Weise eingesetzt werden, sei es, um sich im Sinne des Marketings positiv darzustellen, um Gruppenidentitäten hervorzuheben oder besser zu sich selbst zu finden.

Der für zahlreiche Wissenschaften von der Ethnologie über die Psychologie bis zur Philosophie zentrale Begriff der Identität stammt von lat. „idem = derselbe“. Sehr allgemein definiert kann man ihn als „Selbstverständnis als kohärentes Wesen mit bestimmten Eigenschaften und einer Geschichte“ (Schönhuth 2005: 91) festhalten. Seine synchrone Komponente, die „Eigenschaften“ fragt nach dem, was man aktuell alles ist und wie dies zusammenpasst, während die diachrone Komponente die „Geschichte“ in den Blick nimmt und seine frühere und künftige Identität betrachtet. Identität konstituiert sich über Alterität, also über die Unterscheidung zu dem, was man nicht ist (vgl. Wulf 2006: 43). Zur Identität zählen das Innere, die eigenen Träume, die Wünsche und Ängste (vgl. Wolak 2008: 21), wie auch das Äußere, mit dem man sich seinen Mitmenschen präsentiert (vgl. Shukla 2016: 5).

Letztgenanntes betont bereits die kommunikative Komponente von Identität: Die eigene Identität oder zumindest Teile selbiger sollen auch von anderen anerkannt werden. Dabei wird Identität zunehmend als Prozess verstanden, sogar als Arbeit: „‚Identität‘ – als Vorstellung eines selbstidentischen Subjekts wie auch als Signifikation von Zugehörigkeit(en) – bezeichnete nunmehr das eigentlich unmögliche Moment des Fixierens/Fixiertseins, welches das permanent vorläufige Produkt eines unabschließbaren Prozesses vielfältiger, widersprüchlicher sowie auch regelgeleiteter Identifikationen darstellt“ (Brandes 2010: 15). Dies kann durchaus anstrengend und (über)fordernd sein: “Never before has the individual been able to make such a variety of decisions on his or her own […] never before has the individual been solely responsible for so much" (Stolz et al. 2016: 1).

In der Fotografie zeigt sich die „prinzipielle Unabgeschlossenheit heutiger tendenziell fragiler bzw. prekärer (post)moderner Patchwork-Identität" (Ferchhoff 2011: 107) schon deshalb, weil Fotografien zwangsläufig Fragmente darstellen. Zugleich bieten sie aber auch ein Terrain, um mit Identität zu experimentieren und sie auszudrücken – und das mit besonders ausgeprägten Kontrollmöglichkeiten.

Experimentieren und Ausleben

Was wir fotografieren und präsentieren zeigt, wer wir sind, hilft uns also, unsere Identität zu fassen und zu kommunizieren. Dies zeigt sich schon in der gewöhnlichen, „häuslichen" Amateurfotografie, der "domestic photography": "Photographs help us to construct our individual, family, and cultural identities as they appear to others. Through domestic photography we create an ideal image, wherein happiness flourishes in everyday life, in holidays, and in travel with friends and family" (Sarvas und Frohlich 2011: 6) – es geht hierbei also um das Erschaffen von Bildern, die der Betreffende meist selbst als positiv empfindet und mit denen er nach innen und außen ein bestimmtes, von ihm selbst als positiv bewertetes "Image" von sich vermitteln möchte.

Vor allem, wenn intensiver oder anspruchsvoller fotografiert wird, erscheint dieses „positiv" in einem sehr weiten Sinne verstanden – positiv sind so zum Beispiel auch Fotos, mit denen man zeigt, dass man engagiert ist, dass man ein achtsames Auge für die Kleinigkeiten besitzt etc. – und bisweilen können auch gemeinhin als negativ betrachtete Aspekte bewusst kommuniziert werden. Doch auch hier gilt, dass das Foto stets in einer Beziehung zum Fotografen steht und mehr oder minder willentlich, mehr oder minder eindeutig verständlich, etwas über ihn verrät.

Identität meint also die „andauernde Arbeit an einem Bild, wer wir sein wollen" (Abels 2017: 4) – mit dieser Definition wird deutlich, dass Identität keineswegs gegeben ist, sondern selbst erarbeitet, „gemacht" werden muss. Ob vor oder hinter der Kamera, Fotografie lädt dazu ein, an ebendiesem Bild zu arbeiten, mit der eigenen Identität zu experimentieren oder sie auszuleben: „Die psychische Anpassungs-leistung, die die Bewohner der digitalen Moderne zu erbringen haben, ist anscheinend kein

Akt der passiven und widerstrebenden Unterwerfung, sondern einer der aktiven und freiwilligen Aneignung: Endlich können sie sich zu Wort melden, ins Bild setzen und zeigen, wer sie sind" (Altmeyer 2016: 21). Dabei geht es keineswegs nur um das eigene Äußere, das ins Bild gesetzt wird, sondern auch persönliche Präferenzen oder „typische" Stimmungen, Meinungen, Fantasien etc. (vgl. Jerrentrup 2018: 90). Dies kann zunächst für den Betreffenden, den Fotografen oder Fotografierten selbst von Bedeutung sein: Er kann ein handhabbares, kondensiertes Bild von sich schaffen und mit jedem weiteren Foto daran arbeiten, sei es, dass er es auswählt, bearbeitet, in einen Zusammenhang stellt oder löscht.
Werden die Bilder dann präsentiert, kommuniziert man etwas über sich an andere. Der bewusste oder unbewusste Wunsch nach Anerkennung der eigenen Identität durch andere bietet offenbar häufig eine Grundlage für das Fotografieren und Veröffentlichen der Bildresultate (vgl. Jerrentrup 2018: 87f.). Zeigt man die Bilder in den sozialen Medien, kann man durch die Wahl des jeweiligen Mediums oder verschiedener Gruppen, durch begleitenden Text oder Hashtags seine Bilder schon in einen gewissen Kontext stellen, was die erwünschte Interpretation erleichtern kann. Neben der Kommunikation der eigenen Identität bietet so ein Kontext auch die Möglichkeit, *über* die soziale Identität zu kommunizieren, gemeinsam auszuhandeln, wo die Grenzen der sozialen Identität liegen (vgl. van Dijck 2008: 58). Dies gilt natürlich nicht nur für Online-Kontexte: So liegt der Fokus beim selbstreflexiven Fotografieren, beispielsweise in Kontexten sozialer Arbeit, oft auf der sozialen Identität (vgl. Souminen 2006) und anhand der Fotos kann gemeinsam diskutiert werden, was Teil dieser Identität darstellt und was außerhalb ebendieser liegen soll.

Allerdings gilt aber auch, dass gleich wie detailreich das einzelne Foto ist, es doch zumeist „schwach in seiner Bedeutung" (Berger 2000: 50) bleibt, also uneindeutig, solange es nicht durch Erläuterungen eingebettet wird. Damit erlaubt die Fotografie dem Fotografen, dem Fotografierten oder dem Foto-Team das Experimentieren, denn die Rezipienten können nicht ohne Weiteres erschließen, in welcher Weise das Bild mit der Identität der Beteiligten verbunden ist: Zeigt es das „wahre Ich" des Fotografen beziehungsweise Fotografierten oder ist es das Resultat eines Experiments oder einer externen Auftragsarbeit? Geht es eher um die Identität des Fotografen oder des Fotografierten? Präsentieren beide hier etwas, das ihnen sehr wichtig ist beziehungsweise innerlich entspricht oder haben sie versucht, sich einmal einem neuen Stil oder einer neuen Ästhetik zu widmen? Geht es ihnen mit den Bildern primär um (beruflichen) Erfolg oder treibt sie kulturelles oder soziales Engagement an?

Fotografien beinhalten stets Ambiguität, „made possible by photography's indiscriminating data ration“ (Pinney 2008: 145) – die Fotografie selbst unterscheidet in ihrer Technik nicht Wichtiges von Unwichtigem, Inszeniertes von Dokumentarischem, Wahres von Falschem. So können Fotograf und Fotografierter Identitäten ausprobieren oder ausleben, ohne dass das eine oder andere offensichtlich ist.

Beim Experimentieren mit Identität wird auch deutlich, dass sich Identität über die Unterscheidung konstituiert – oft aber gerade nicht dadurch, dass man das „Andere“, das „Fremde“ ignoriert, sondern indem man ebendies als Motiv wählt. Rosaly Magg beschreibt dies mit Blick auf die Reisefotografie, wenn Menschen, menschliche Aktionen oder kulturelle Artefakte anderer kultureller Kontexte fotografiert werden: „Indem die Fotografierten als rückständig bewertet werden, wird man selbst erhöht. Der Fortschritt, den man selbst erreicht hat, wird so bestätigt“ (Magg 2013: 43). Das, was am Fremden am deutlichsten in den Blick fällt und entsprechend gerne fotografiert wird, ist offenbar das, was als besonders andersartig verstanden wird und so hilft, die eigene Identität zu definieren (vgl. Thurner 1992: 26). Alles dem Eigenen zu Ähnliche hingegen erweckt selten die Aufmerksamkeit.
Allerdings muss sich dies nicht immer auf (primär) negativ konnotierte Distinktheit beziehen, die die eigene soziale Identität erhöht, auch solche Aspekte, die den Fotografen faszinieren oder beeindrucken, werden in den Fokus genommen.
Ähnliches gilt aber auch für Situationen, in denen man sich selbst inszeniert: Lässt man sich zum Beispiel „orientalisch“ kostümiert fotografieren – der Begriff ist ohnehin hochproblematisch – unternimmt man im Zuge des Shootings eine Art gedanklicher Reise, aber macht gleichzeitig für sich klar, was man vielleicht sein *könnte*, manchmal auch gerne wäre, aber eben nicht *ist*. In der Fantasiewelt der Inszenierung kann man eigene Träume ausleben, die oft im Gegensatz zur Alltagsidentität stehen. Welche Beziehung zwischen Fotograf und/oder Model einerseits und dem Foto andererseits besteht und ob es sich um eine Opposition, eine Parallelität oder gar eine Art Pars pro Toto handelt, bleibt für den Betrachter aber im Dunklen und kann vom Inszenierten selbst sogar jederzeit re-interpretiert werden – ein Bild mag als Ausdruck einer Teilidentität gedacht gewesen sein, später aber als eine Verkleidung umgedeutet werden.

Kontrollieren und Kommunizieren

Beim Fotografieren kann man in vielfacher Weise Kontrolle über sein Bildresultat ausüben: Der Fotograf kontrolliert – wie stets in der Fotografie – die Zeit, wählt Kameraeinstellungen oder Perspektiven aus, entscheidet, was ins Bild kommt, arrangiert es, bearbeitet es etc. Auch wenn wir den Fotografierten in den Fokus nehmen, kann er, sofern es sich um eine bewusste Inszenierung handelt, die Erscheinung seines Körpers durch Posing, Kostüm, Make-Up und Retusche kontrollieren. Die Auswahl des Bildes und der Präsentationsart eröffnet weitere Kontrollmöglichkeiten, wie genau man sich darstellen möchte, wie man seine eigene Identität kommunizieren will: Welche Bilder man etwa in den sozialen Medien auf welche Weise präsentiert, kann man – ein gewisses Maß an Media Literacy vorausgesetzt – selbst bewusst entscheiden, etwa, ob man darauf Wert legt, dass die eigenen Bilder farbintensiv erscheinen, opulent oder nüchtern, eher freundlich wirken, düster oder schlicht, ob man das eigene Auto zeigt oder lieber Bilder eines Waldspaziergangs.
Fotografie kann also das Kontrollmotiv, das „für viele Psychologen […] eines der zentralen Bedürfnisse des Menschen in der Bewältigung seiner Umwelt" (Fischer und Wiswede 2009: 126) darstellt, besonders gut befriedigen. Das Kontrollmotiv wiederum steht in Zusammenhang mit Selbstwirksamkeitserwartungen, den Überzeugungen, dass man selbst das Verhalten, welches die Voraussetzung für den angestrebten Erfolg darstellt, erfolgreich ausführen kann.
Was aber ist dieser Erfolg? Neben beispielsweise der „fotografischen" Würdigung als Künstler, Journalist, Forscher, Model etc. kann er auch schlicht in der Kommunikation der gewünschten Botschaft oder Identität bestehen. „Die klassische ‚Experten-Antwort' auf die Frage, warum Menschen sich fotografieren, ist die Suche nach Anerkennung. Wir vermuten, es geht um viel mehr […] Angesichts der Wucht, mit der sich das Selfie in unsere Social Media-Feeds gedrängelt und in unserem Alltag eingenistet hat, reicht es nicht aus, das ganze Phänomen mit einer etwas überspannten Form von Selbstverliebtheit zu erklären. Wir glauben vielmehr, dass Selfies für etwas stehen. Nämlich […] für eine neue Art und Weise, mit der Welt in Verbindung zu treten" (Cohrs und Oer 2016: 12), also mitzuteilen, wer man ist, wofür man steht und damit auch Kommunikationsofferten zu unterbreiten – ein Ziel, das sich natürlich keineswegs auf die Genres „Selbstportrait" oder „Selfie" begrenzt. Über die sozialen Medien gelingt es besonders leicht, ein Publikum für verschiedene Botschaften zu finden, Gleichgesinnte aufzuspüren und

dabei aufgrund der selbst festlegbaren Anonymität doch auch bestimmte Aspekte seiner Identität (vorerst) für sich zu behalten.

Allerdings ergeben sich auch Kontrollverluste, die vielleicht umso stärker ins Gewicht fallen, als dass man sich in der Situation eigentlich so fühlt, als habe man alle Zügel in der Hand. Einmal veröffentlicht, entzieht sich die Interpretation des Bildes jedoch der eigenen Kontrolle – man weiß nicht, ob jeder Rezipient das Bild auf die gewünschte Weise versteht (vgl. Klemm 2017: 530).
Besonders deutlich wird der Zwiespalt zwischen Kontrolle und Kontrollverlust beim Blick auf die sozialen Medien: Die fehlende körperliche Präsenz verführt dazu, „ungehemmter über sich oder (Teil-)Aspekte ihrer Selbst zu kommunizieren bei gleichzeitiger größtmöglicher Distanz zum Gegenüber" (Lindner 2002: 102). Diese Distanz mag als Vorteil gesehen werden – man versteckt sich in einer gewissen Anonymität und traut sich somit, viel authentischer aufzutreten, viel mehr, „man selbst" zu sein – aber ebnet auch den Weg für Missverständnisse, da sich die Gesprächspartner gegenseitig weniger gut einschätzen können. Trotz der Fotografien trägt hierzu eine gewisse visuelle Deprivation bei: Man sieht zwar ein Foto, aber man sieht nicht, ob der andere dieses Fotos mit einem Augenzwinkern postet, ob er gerade gut oder schlecht gelaunt ist, ob es ihm viel bedeuten könnte etc. Die Mischsituation, in der man sich hier befindet – einerseits oft physisch in den eigenen privaten Räumen, virtuell aber vor einem großen Publikum – erschwert die Situation noch. In Goffmanschen Begriffen befindet man sich zugleich auf der Vorder- und Hinterbühne und mag aus einer gewissen Verwirrung heraus, gerade bei geringer Media Literacy, ungünstig agieren.

Fotografiert werden für das Wohlbefinden

„Sobald ich nun das Objektiv auf mich gerichtet fühle, ist alles anders: ich nehme eine ‚posierende' Haltung ein, schaffe mir auf der Stelle einen anderen Körper, verwandle mich bereits im Voraus zum Bild. Diese Umformung ist eine aktive: ich spüre, daß die PHOTOGRAPHIE meinen Körper erschafft oder ihn abtötet, ganz nach ihrem Belieben" (Barthes 1985: 18). Wie so viele Autoren spricht auch Roland Barthes der Kamera und damit auch dem Fotografen eine besondere Macht über den Fotografierten zu: "Interaction in photography accepts the power of the photographer's status. That status has always an edge over that of the subject" (Beloff 1983: 171, zur Gender-Thematik vgl. Schmerl 1992: 157). Während Halla Beloff den Fotografierten jedoch stets als „unterlegen" betrachtet und die Machtbeziehung als einseitig ansieht, klingt bei Barthes bereits an, dass der Fotografierte auch als aktiv begriffen werden kann – „ich [...] schaffe mir auf der Stelle einen anderen Körper" – und damit vielleicht auch selbst als machtvoll verstanden werden kann.

Diesem Gedanken folgend soll das Fotografiertwerden hier also nicht automatisch als passiv betrachtet und nicht davon ausgegangen werden, dass es den Fotografierten zwangsläufig in ein Objekt verwandelt (vgl. Rouillé und Marbot 1986).

Besonders offensichtlich ist dies natürlich bei Selbstportraits: In der Arbeit der britischen Künstlerin Jo Spence beispielsweise kommt das Selbstportraitieren als Therapie zum Einsatz. Die Fotografie ermöglichte ihr in der Zeit einer Krankheit, die dazu führte, dass sie passiv „behandelt werden" musste, auch selbst aktiv zum Subjekt werden konnte (vgl. Spence 1986).

Auch in der inszenierten Menschenfotografie ist das Model oft mehr als ein austauschbarer Kleiderständer oder Körper, sondern soll sich selbst mit seinen Fähigkeiten im Bereich Posing, Mimik, Kostümkreation, Konzeptualisierung etc. einbringen. Themen und Umsetzungen werden vor allem bei TFP-Shootings ("Time for pics"), die also ohne größeres finanzielles Interesse einer der beteiligten Parteien stattfinden, meist gemeinschaftlich im Team ausgehandelt. Schon dieses gemeinsame kreative Handeln wird von vielen Beteiligten als inspirierend und bereichernd empfunden (s.o.).

In diesem Kontext spielt auch der bereits erwähnte Aspekt der Identität eine wichtige Rolle, auf den an dieser Stelle nur kurz wiederholend eingegangen werden soll: Noch offensichtlicher als beim Fotograf kommuniziert der Fotografierte durch die Bilder etwas über sich selbst und kann dies wie oben beschrieben verhältnismäßig gut kontrollieren und zugleich bewusst unklar lassen, in welcher Beziehung das Bild tatsächlich zu seiner Identität steht. Als Konstante bleibt nur der Körper: Wie auch in weniger ausgeprägter Form im postmodernen Alltag wird er „zum Garanten für Einheit und Individualität, zur Bastion von Autonomie und Selbstbestimmung. Auch das ist ein Erbe der Aufklärung: Weil das Bewusstsein permanenten Wandels ein Teil des modernen Lebensgefühls und der Konstruktion von Identität schlechthin geworden ist, bleibt noch die Vorstellung oder Hoffnung einer körperlichen Kontinuität (etwa das Aufhalten von Alterungsprozessen) als eines der wenigen Stabilitätsrefugien“ (Degele 2004: 16). Zugleich erscheint der Körper aber auch wie ein Rohmaterial, das vielleicht nicht beliebig, aber doch sehr umfangreich durch Make-Up, Styling, Bearbeitung etc. verändert werden kann. Trotz seiner Stabilität bietet er gerade in der fotografischen Inszenierung auch immensen Spielraum.
Die Bildergebnisse ermöglichen dem Betreffenden die „Chancen zum mehrmaligen Anschauen und insbesondere Chancen des Bearbeitens, Veränderns und eines neuerlichen Wieder-zu-sich-Nehmens“ (Mechler-Schönach 2005: 16), erleichtern also die Identitätsarbeit schon allein durch die Handhabbarkeit und Verdichtung, die charakteristisch für Fotografien sind.

In jedem Fall hält das Fotografiertwerden zudem für denjenigen, der es häufiger unternimmt, auch eine spezifische Identität parat: Die Identität als Fotomodel. Gerade die Vielfalt ist hier konstituierend (vgl. Jerrentrup 2018: 99), ebenso wie das Modeldasein zunehmend mit weiteren positiven Eigenschaften wie „Personality“ (zur Kritik vgl. Lippl und Wohler 2011: 241), Kreativität und der Eigenschaft als Trendsetter (vgl. Illing 2006: 205) verbunden wird. Auch die Sichtbarkeit, die mit dem Fotografiertwerden einhergeht, ist zu Zeiten der sozialen Medien für viele sehr erwünscht – man wird wahrgenommen und versinkt nicht in der anonymen Masse.

Geht es um das Fotografiertwerden und sein Potential für das psychische Wohlbefinden, muss natürlich auch die Konstellation des Fotografierens betrachtet werden. Hier ergeben sich verschiedene Möglichkeiten: Der Fotografierte kann Selbstportraits anfertigen, kann mit einem Fotografen zusammenarbeiten, welcher wiederum ganz unterschiedliche Interessen mit dem Fotografieren und dessen Produkten verfolgt, oder mit einem Therapeuten, wo sich dann die Frage stellt, wie umfangreiches fotografisches Wissen ebendieser mitbringen sollte. Hier besteht noch Klärungsbedarf. Denkbar ist, dass großes fotografisches Können mehr Möglichkeiten eröffnet und daher förderlich ist, andererseits aber auch dazu verführt, den Fokus weniger auf den potentiell „wohltuenden" Prozess des Fotografierens selbst, als auf die Präsentation der antizipierten Bildergebnisse zu legen und so eventuell sogar narzisstische Züge, die letztlich der psychischen Gesundheit abträglich sind, gestärkt werden.

Selbstwert

Der globale Selbstwert wird definiert als die „eigene, individuelle Bewertung des Selbst, was sich einerseits in Anerkennung, aber auch in Missbilligung des Selbst äußern kann [...] Diese Selbstbewertung wird als Persönlichkeitsmerkmal (‚trait') gesehen, also eine über die Zeit und verschiedene Situationen hinweg relativ stabile Eigenschaft einer Person" (Jünemann 2016: 188). In der Therapie ist der Selbstwert von zentraler Bedeutung (vgl. Potreck-Rose und Jacob 2010: 11).
Mehrfach wurde schon deutlich, dass das Fotografieren den Selbstwert fördern kann, etwa, weil man selbst aktiv und kreativ etwas erschaffen kann. Wie aber gelingt es, den Selbstwert durch das Fotografiertwerden zu fördern? Intuitiv mag man zuerst an die Anerkennung durch andere hinsichtlich des eigenen Aussehens denken. Sicher mag es auch zunächst eine Rolle spielen, wenn man – auf seinen Fotos – von einer größeren Anzahl an Menschen für äußerlich „attraktiv" befunden wird, verdeutlicht beispielsweise durch "Likes" in den sozialen Medien. Auch andere Komplimente, die sich etwas weniger auf reine Äußerlichkeiten beziehen wie „wandelbar", „interessant", „cool" oder „kreativ" können dem Selbstwert zugutekommen.
Dies als alleinige Begründung für eine nachhaltige Steigerung des Selbstwerts wäre jedoch zu kurz gegriffen, denn die Anerkennung durch andere impliziert auch eine Abhängigkeit und womöglich den Zwang, immer wieder Fotos präsentieren zu müssen. Ferner dürfte auch vielen Fotografierten bewusst sein, dass das entsprechende Bild aufgrund von Styling und Bearbeitung oft nur entfernt mit ihren tatsächlichen Äußeren zusammenhängt. Sein tatsächliches Aussehen mit einem anspruchsvollen Bildergebnis, geprägt durch Styling und Retusche, zu verwechseln, mag

zwar zunächst dazu führen, dass der Betreffende hohes Selbstbewusstsein ausstrahlt – durchaus eine erwünschte Eigenschaft –, weicht das Selbstbild seines Äußeren aber zu sehr von der Realität ab, wird er womöglich als verblendet oder gar verrückt eingestuft und kein positives soziales Feedback in real life erleben.
Außerdem gelingt „der Weg zu einem optimalen Selbstwert und einem hohen Selbstvertrauen nicht über die Fokussierung auf die eigenen Stärken und die Schwächen anderer Personen [...]. Stattdessen ist es vielmehr die Akzeptanz der eigenen Schwächen, die letztlich zu einem besseren Selbstwert und einem höheren Selbstvertrauen verhilft. Erst mit einer solchen Akzeptanz wird möglich, was beide Konstrukte ausmacht: Versagen zu können, ohne sich als Person grundsätzlich schlecht zu fühlen oder das Vertrauen in seine eigenen Fähigkeiten und Kompetenzen zu verlieren" (Jünemann 2016: 197). Wenn Menschen also berichten, dass ihnen das Posieren vor der Kamera nachhaltig gut tue, geht es auch darum, sich selbst trotz gewisser Eigenheiten oder „Fehler" anzunehmen und sich in einer Weise darstellen zu können, die dem gewünschten Selbstbild entspricht. Die Bandbreite der Möglichkeiten erscheint hier weit gefächert: Man lernt etwa, eigene optische „Fehler" zu kaschieren und sich vorteilhafter zu präsentieren und kommt dadurch auch im Leben außerhalb des Fotografiertwerdens besser an. Auf manchen Fotos zeigen sich eigene „Fehler" vielleicht aber auch gar nicht als negativ, stellen sogar einen Vorteil dar oder sind schlichtweg unwichtig und der Betreffende lernt, sich selbst über andere Eigenschaften zu definieren.

Derzeit erfreuen sich in Verbindung mit Fotografien die Begriffe "self love" und "body positivity" besonderer Beliebtheit. Selbstliebe gilt als eine fundamentale Kraft im Menschen, die mit dem Überleben, mit Wachstum und Erleuchtung verbunden wird (vgl. Maharaj and April 2013: 120) und setzt sich damit vom Narzissmus ab, dessen Ursache als Fehlen echter Selbstliebe gesehen werden kann. Selbstliebe wird in den sozialen Medien meist in Verbindung mit Fotos thematisiert, die physische Merkmale zeigen, die gemeinhin als nicht perfekt oder gar hässlich gelten. Trotz dieser Merkmale soll man seinen Körper akzeptieren und positiv gegenüberstehen, Ruhe und Frieden finden, anstatt ständig nach physischer Perfektion gieren, und schließlich auf diesem Wege Selbstliebe erlangen.
Natürlich schließt dies nicht aus, dass die „trendigen" Hashtags #selflove und #bodypositivity auch schlicht dafür genutzt werden, besondere Aufmerksamkeit zu erregen, ohne dass wirklich Selbstliebe die primäre Rolle spielt, sondern vor allem der Wunsch nach mehr "Likes".

Geht es wirklich primär um “self love” und “body positivity”, spielt meist auch Authentizität eine Rolle: Der Betreffende zeigt, dass er die Funktionsweise der soziale Medien mit ihrem Fokus auf gefilterter und genormter Perfektion verstanden hat und mutig genug ist, sich selbst anders, authentisch zu zeigen. Damit kommuniziert er Mut und sogar Klugheit – und folglich wiederum positive Eigenschaften, die vielleicht sogar mehr wiegen als (unauthentische) Schönheit.
Zudem können derartige Fotos auch dem Rezipienten dabei helfen, sich selbst mehr zu akzeptieren, da er sieht, dass auch andere imstande sind, sich trotz der eigenen Imperfektion anzunehmen und dafür Anerkennung erhalten.
Das kommunizierte Empfinden von Selbstwert bedingt auch wiederum die Anerkennung durch andere, da Selbstwert und Selbstvertrauen als erwünschte Eigenschaften gelten (vgl. Potreck-Rose und Jacob 2010: 16), ein positiver Verstärker ist also denkbar.

Zu guter Letzt rückt auch das Label „Model“ in den Blick, das diejenigen bezeichnet, die regelmäßig als Hobby, Nebenjob oder Beruf vor der Kamera stehen. Im Gegensatz zu seiner ursprünglichen Verwendung – „Vorführdamen“ genossen im 19. Jahrhundert keinen guten Ruf (vgl. Wolak 2008: 44) – gilt Model als tendenziell positiv konnotierter Begriff, wie zahlreiche Castings-Shows zeigen (vgl. Jerrentrup 2018: 103 f.). Modeln liefert damit, gleich welche Bilder man aufnimmt, eine positive soziale Identität, die Zugehörigkeit zu einer als interessant wahrgenommenen Gruppe.

Allerdings gilt es auch, die negativen Aspekte für den Selbstwert abzuwägen. Zuvor wurde schon die Abhängigkeit genannt, in die man sich gerade in den sozialen Medien begibt, wenn man auf positiven Zuspruch hofft. Aufgrund der einfachen Bewertungsdimensionen – “Likes” und Kommentare – fällt es umso leichter, sich zu vergleichen und womöglich negativ abzuschneiden oder im Vergleich mit der eigenen, früheren social-media-„Leistung“ negativ zu erscheinen, sollte man nicht ständig am Ball bleiben und ein Gespür für funktionierende Bildinhalte und Bildlooks entwickeln, welche unter Umständen die eigene Kreativität stark einschränken. Gerade in Kombination mit der Veröffentlichung in sozialen Medien ist das Potential des Fotografiertwerdens, wie auch des Fotografierens also durchaus zweischneidig zu bewerten und es fehlen noch klare Kriterienkataloge, wie man die Risiken minimiert und die Chancen steigert. Neben den Fragen, wie professionell wohltuende Fotografie sein soll, wie wichtig die Bildergebnisse letztlich sind und inwieweit sie auf welche Weise veröffentlicht werden sollten, stellt sich auch die Frage nach konkreten Bildmotiven, die ja auch stets eine Auseinandersetzung und Erfahrung eines Themas am eigenen Körper bedeuten. Hier gilt es auszuloten, welche Motive es sich bei welcher psychischen Ausgangslage umzusetzen lohnt und welche vielleicht nicht geboten sind.

Überwindung des Körpers

Fotografiert werden ähnelt der von Lacan beschriebenen Spiegelerfahrung: „Ebenso wie der Spiegel verwandelt die Fotografie das Subjekt zu einem Bild" (Brodersen 2017: 145). Man erfährt sich selbst auf eine andere, quasi nicht-natürliche Weise, sieht sich selbst von außen ähnlich dem Kleinkind, das seinen Körper erstmals nicht in Einzelteilen, sondern als Einheit erfährt und dabei mit Erregung und Freude reagiert – auch wenn dabei Johannes Binotto zufolge (2006: 15) oft übersehen wird, dass die Bestätigung des Spiegelbilds durch eine Bezugsperson notwendig ist. Man kann also festhalten, dass das Foto eine ungewohnte Sichtweise auf sich selbst ermöglicht, und es kann in vielen alltäglichen Situationen nützlich sein, diese Ansicht zu kennen, um einschätzen und beeinflussen zu können, wie man auf andere wirkt. Durch die Außensicht entfernt man sich also vom tatsächlichen Körpererleben, um den eigenen Körper sinnvoller einsetzen zu können.

Zudem kann die Fotografie auch dafür sorgen, den tatsächlichen Körper auf verschiedene Weise zu überwinden. Hierbei geht es zunächst darum, sich selbst *zu etwas* zu überwinden, sich also im Dienste der Fotografie zu etwas zu bewegen, das einem ansonsten unangenehm oder mühsam ist, vor dem man Angst, Scham oder Ekel empfindet, kurzum, zu dem man ohne die Fotografie – aus welchen Gründen auch immer sie zunächst geschehen soll – nicht bereit wäre. Dies gleicht bisweilen einer Expositionstherapie, einer gezielten Konfrontation, die neue Lernerfahrungen ermöglicht und die sich gerade bei Angststörungen als sehr effektives Verfahren erwiesen hat (vgl. Pittig und Neudeck 2017: 220). In der Situation empfindet der Betreffende oft einerseits einen sozialen Druck – „ich möchte den Fotografen/ das Foto-Team jetzt nicht enttäuschen" – andererseits steht für ihn aber auch die Bedeutung des antizipierten Bildes im Vordergrund, die er als der eigenen Befindlichkeit übergeordnet beurteilt – „für dieses

Bild mache ich es". Somit besteht eine hohe intrinsische Motivation, die Beschwerlichkeit auf sich zu nehmen.
Hinzu kommt noch, dass der zu Fotografierende dabei auch seinen Körper inklusive seiner Mimik unter Kontrolle halten muss. Es reicht also nicht, das gewünschte Verhalten zu zeigen, sondern es sollte „souverän" verkörpert werden. Diese Verkörperung impliziert folgenden Zusammenhang: "States of the body, such as postures, arm movements, and facial expressions [...] produce affective states" (Barsalou et al. 2003: 43), es ist also eine Rückkopplung zu erwarten, die möglicherweise den Effekt der Exposition noch verstärkt.
Auch das zu erwartende Bildresultat, welches der Fotografierte später in den Händen hält, könnte als ein Verstärker wirken: Mit Stolz, nicht nur über das Bild, sondern auch über die damit verbundene Überwindung, wird es betrachtet und zugleich die Ästhetik der Situation gewürdigt – beispielsweise wie elegant die Schlange um den Hals aussieht oder wie beeindruckend die Pose direkt an einer Felsenklippe wirkt. Durch dieses Bildresultat könnte also eine besonders nachhaltige Wirkung erzielt werden. Ob die Exposition wirklich erfolgreich sein kann, hängt sicher auch zu einem großen Teil am Verhalten des Fotografens, wie empathisch er ist, wie sehr er Zwang ausübt oder ob er das Model gar lächerlich macht, sollte es Angst zeigen. Auch die Art der Exposition, ob sie eher graduiert, also schrittweise oder massiert, also unmittelbar mit der schwierigsten Situation geschieht, kann hier ganz unterschiedlich stattfinden.

Die unter Identität bereits angesprochene physische Verwandlung kann ebenfalls als eine Art Überwindung des eigenen Körpers verstanden werden, den man quasi zurücklässt, um kurzzeitig etwas anderes zu werden. Durch die Verkörperung beim Fotografieren ist eine Rückwirkung auf den Fotografierenden denkbar, wie es die Embodiment-Forschung nahelegt. Daraus ergeben sich verschiedene mögliche Schlüsse: Der Fotografierte kann „endlich er selbst" sein, sich in dem sicheren Terrain, das die Fotografie bietet, so zeigen, wie er wirklich ist oder mit seiner Identität spielen. Wie ein Schauspieler kann er sich bestimmte zu zeigende Emotionen von innen, aus seinen Erfahrungen heraus erarbeiten oder von außen, durch Beobachtung und ggf. auch Recherche erschließen. So lassen sich für ganz verschiedene Identitäten Perspektiven erlangen, die eher der Innensicht ähneln und damit das eigene Empathie-Empfinden des Fotografierten fördern und seinen Horizont erweitern. Je nach dem, was verkörpert werden soll, ist es auch notwendig, sich umfangreicher damit zu beschäftigen, ggf. Kostüme zu nähen, Mimiken zu studieren etc. Gleich ob der Fotografierte letztlich sein

„wahres Ich“ darstellt oder etwas ganz anderes, das bewusste/geplante Fotografiertwerden stellt oft eine Überwindung des körperlichen Normalzustands dar und damit eine Auseinandersetzung mit der eigenen Identität. Durch das veränderte Äußere wird besonders bewusst, dass weitere Optionen per se denkbar sind, man etwas anderes sein könnte – das Gefühl von Freiheit stellt sich ein.

Die weitere Art der Überwindung besteht schließlich darin, dass zugunsten eines Konzepts der eigene Körper und das eigene Ego in den Hintergrund treten. Es geht dann nicht mehr darum, ob man „gut aussieht“ oder „gut getroffen“ ist, sondern das Gesamtwerk steht im Vordergrund, welches der Fotografierte – oft erleichtert durch eine tatsächliche Unähnlichkeit mit seinem Aussehen – würdigen kann, ohne darin sofort seinen eigenen Körper zu sehen und zu beurteilen. Die Kunst oder das Konzept beziehungsweise der Ausdruck des Werkes stehen dann auch für den Fotografierten im Fokus. Dabei rezipiert er das Werk nicht wie ein Unbeteiligter, sondern eher wie ein involvierter Rezipient, der dessen Botschaft empfindet, interpretiert, ihr zustimmt, sie ablehnt oder reflektiert.

Mit Blick auf den Cyberspace schreibt Thomas Lackner: „Eine der Hauptvisionen der Cyberspace IdeologInnen ist der Wunsch nach Körperlosigkeit [...] der menschliche Körper gilt als unnötiger Ballast, den es zu überwinden gilt“ (Lackner 2014: 95 f.). Im Cyberspace, so hat es sich aber gezeigt, ist der Körper oder besser, *ein* Körper aber doch von fundamentaler Bedeutung: Man präsentiert sich auf Fotos und in Videos und sucht sich in Chats und bei Videospielen Körper aus, die man spielt – beliebt sind auch hier jugendliche, durchtrainierte, schöne Körper, hinter denen man den eigenen Körper verstecken kann. „Avatare“ werden sie in Anspielung an den Hinduismus genannt: In Sanskrit meint „Avatara“ so viel wie „Herabkunft“ und bezeichnet die zehn irdischen Erscheinungsformen des Gottes Vishnu in Form von Mischwesen oder menschlicher Gestalt. Oliver Krüger stellt die Begriffe „Avatar“ und „Fake“ gegenüber und bemerkt, dass das Spiel mit Identitäten aus medienpsychologischer Perspektive durchaus positiv bewertet wird: „Dies ist umso erstaunlicher, als dass es zwischen dem Avatar und dem Fake keinen prinzipiellen Unterschied gibt, sondern nur aus dem Kontext heraus beurteilt wird, was Avatar und was Fake ist. Wo beginnt oder wo endet das Rollenspiel?“ (Krüger 2012: 393) .

Der Avatar macht, genauso wie die inszenierte und stark bearbeitete Fotografie seine Inszenierung offensichtlich. Auf rein optischer Ebene wird hier nicht viel vorgetäuscht und der Rezipient weiß: Exakt so sieht die Person in realiter sicherlich nicht aus – und dennoch können der Avatar oder das Foto etwas von ihr verraten. Vielleicht ist aber auch dieses Verräterische hier gar nicht immer so relevant, da es um etwas Größeres geht, um das gesamte Spiel oder das Gesamtbild, anstatt nur um die Person, ihr Aussehen und ihre Präferenzen. Überwindung des Körpers, sogar des Egos meint in diesem Kontext also, sich selbst als Teil etwas Wichtigeren, eines großen Ganzen zu begreifen und ebendarin aufzugehen.

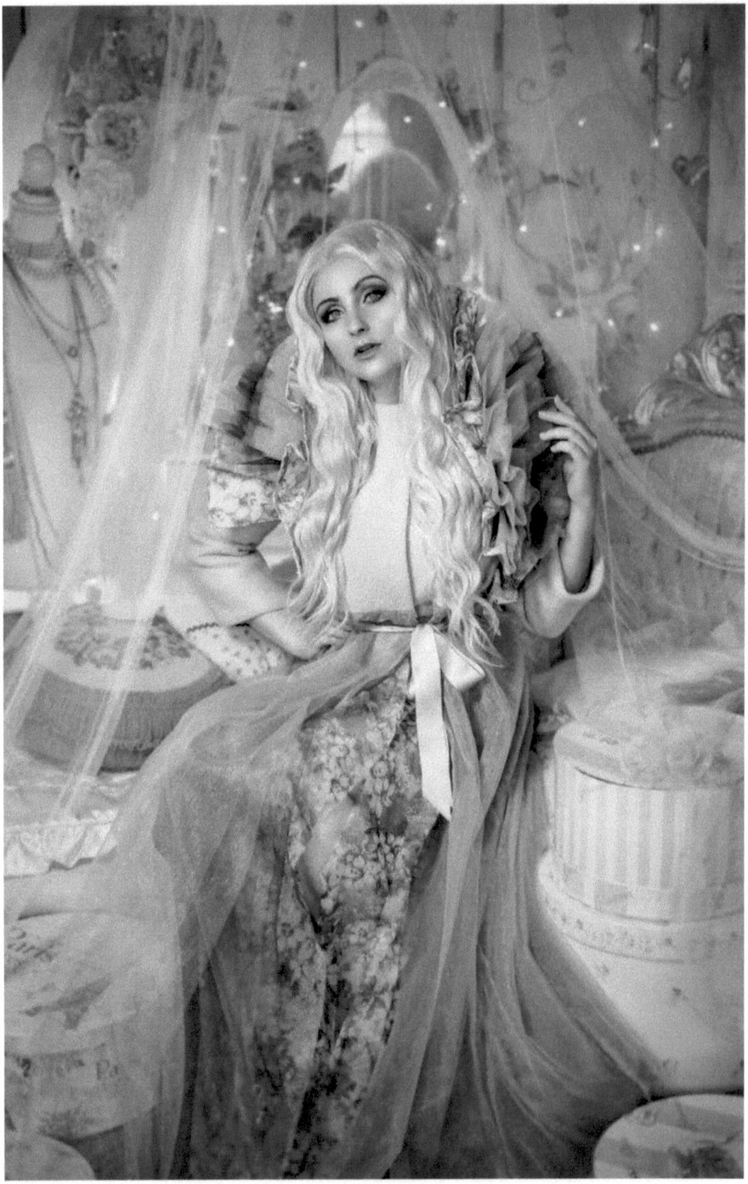

Für Model Maya Lou geht es beim Fotografiertwerden vor allem um die Verkörperung einer Idee – ob sie sich selbst dabei „schön" findet oder nicht, spielt eine weit untergeordnete Rolle.

Schlussbetrachtung

„Against Method“ titelt ein vielbeachtetes Buch des Philosophen Paul Feyerabend. Er betrachtet darin die Wissenschaftsgeschichte und stellt fest:

“It is possible to create a tradition that is held together by strict rules, and that is also successful to some extent. But is it desirable to support such a tradition to the exclusion of everything else? Should we transfer to it the sole rights for dealing in knowledge, so that any result that has been obtained by other methods is at once ruled out of court?” (Feyerabend 1975/2010: 3)

Große Entdeckungen, Erfindungen und Veränderungen beruhen oft gerade darauf, dass Menschen die bestehenden Methoden über Bord geworfen haben. Freilich definiert Feyerabend hier „Methode“ gewissermaßen als Regel. Ganz unberechtigt ist dies allerdings nicht, denn selbst wenn man Methode wie in diesem Buch sehr weit fasst, besteht eine Methode doch stets aus bestimmten begründeten und mehr oder minder festgelegten Schritten, um eine Situationsänderung hervorzurufen und ist damit nicht weit vom Regelbegriff entfernt.

Sollte man Methoden doch besser (auch ab und zu) verwerfen? Viele fotografiebezogene Methoden sind erst kürzlich aus der Überwindung oder Verbesserung althergebrachter Methoden entstanden – sie sind oft recht jung und zum Teil auch noch lange nicht abschließend erforscht. Denken „out of the box“ ist also erforderlich, um diese Methoden voranzutreiben.

Jedoch resultiert dies meist in einem immer ausdifferenzierteren, regelreicheren Methoden-Gebäude, je tiefer man sich mit einer neuen Umsetzungsidee beschäftigt, desto mehr „wenn – dann“-Sätze treten hinzu. Die partizipativen Methoden aus der Entwicklungszusammenarbeit sind ein interessantes Beispiel hierfür: Der damals unkonventionellen, fast schon revolutionären Idee, den „Zu Entwickelnden“ nicht nur eine Stimme zu geben, sondern sie als aktive Stakeholder mit unterschiedlichen Perspektiven und Interessen zu begreifen, folgten aufgrund von Erfahrung und theoretischer Begründung alsbald zahlreiche konkrete Handlungsanweisungen. Hier zeigt sich auch, dass Methoden fundamentale Basisannahmen wie Menschenbilder zugrunde liegen, die wiederum durch andere Methoden begründet werden: Mit einem rassistischem Menschenbild beispielsweise wären derartige partizipative Methoden nicht geboten, sondern stattdessen maximal paternalistische, überwachende Hilfe. Nun hat man aber beobachten, erforschen und (auch mit Hilfe wissenschaftlicher Methoden) belegen können, dass so ein rassistisches Menschenbild schlichtweg falsch und zu ersetzen ist.

Methoden bestehen also nie in einem luftleeren Raum, sondern beziehen sich auf fundamentale Annahmen. Immer wieder haben sich solche fundamentalen Annahmen in der Menschheitsgeschichte verändert und es ist wahrscheinlich, wenn auch schwer vorstellbar, dass unser Weltbild wieder ins Wanken geraten wird und mit ihm (Teile der) Methodik – ein Standpunkt, der von der pessimistischen Metainduktion vertreten wird: Die Geschichte steckt voller Theorien, die zu einem bestimmten Zeitpunkt weithin akzeptiert, aber später widerlegt und ersetzt wurden (vgl. Laudan 1981, zur kritischen Reflektion vgl. Fahrbach 2009). Folgt man Feyerabend, ist diese Dynamik, dieses ständige Infragestellen durchaus positiv zu bewerten.

Wenn sich jemand schon "against method" geäußert hat, gibt es auch ein "against photography"? Ist die Fotografie eine nunmehr in die Jahre gekommene Technologie, die einerseits von der Computergraphik, andererseits vom Video abgelöst wird? Ich bin der Überzeugung, dass dies nicht der Fall ist – denn dies hätte schon längst stattfinden können. Fotografie, Film und Computergraphik erweisen sich viel mehr als komplementär, denn als durcheinander ersetzbar. Wir können auf den sozialen Medien ebenso Videos teilen, dennoch posten wir auch Fotos und Mischformen. In der Werbebranche beispielsweise könnte man schon längst primär Avatare einsetzen, sogar täuschend menschlich aussehende und völlig nach Belieben anpassbare Figuren – und dennoch bucht man weiterhin Fotomodelle.

Die Fotografie bietet in ihrer Komprimierung und in ihrem (wenn auch komplizierten) Bezug zur Realität eine ganz besondere Faszination. Sicher wird sie aber auch in immer wieder neue Kontexte eingebettet und vielleicht zunehmend mit der Computergraphik oder dem Film vermischt, wie dies etwa bei teilanimierten Bildern oder bei Facebooks "3D Photo Feature", das die Perspektive beim Scrollen ändert, schon der Fall ist. Und doch rücken auch längst überholt geglaubte Fotografie-Formen wie die analoge beziehungsweise die Sofortbildfotografie wieder auf den Plan, quasi als "Zombie media", wie Garnet Hertz und Jussi Parikka es beschreiben: "Zombie media is concerned with media that is not only out of use, but resurrected to new uses, contexts, and adaptations" (Hertz und Parikka 2012: 429). Damit können auch alte Techniken zu neuen Methoden erstrahlen. Die Geschichte, so zeigt sich mal wieder, ist keineswegs nur linear.

Literaturverzeichnis

Abels, Heinz (2017): Identität. Über die Entstehung des Gedankens, dass der Mensch ein Individuum ist, den nicht leicht zu verwirklichenden Anspruch auf Individualität und Kompetenzen, Identität in einer riskanten Modernen zu finden und zu wahren. Wiesbaden: Springer.

Altheide, David L. (1987): Reflections: Ethnographic content analysis. *Qualitative Sociology*, Vol. 10, 65-77.

Anderssen-Reuster, Ulrike (2016): Einleitung: Was ist Achtsamkeit? In: Achtsamkeit in der Psychotherapie und Psychosomatik. Haltung und Methode, hrsg. v. Ulrike Anderssen-Reuster. Stuttgart: Schattauer, 1-4.

Arns, Inke (2007): History will repeat itself. Strategien des Reenactment in der zeitgenössischen (Medien-)Kunst und Performance. In: History will repeat itself. Strategien des Reenactments in der zeitgenössischen (Medien-)Kunst und Performance, hrsg. v. Inke Arns und Gabriele Horn. Frankfurt a. M.: Revolver Books, 37-64.

Azoulay, Ariella (2008). The civil contract of photography. New York: Zone Books.

Baacke, Annika (2014): Fotografie zwischen Kunst und Dokumentation. Objektivität und Ästhetik, Kontinuität und Veränderung im Werk von Bernd und Hilla Becher, Albert Renger-Patzsch, August Sander und Karl Blossfeldt. Berlin: Epubli.

Bachmann-Medick, Doris (2019): Cultural Turns. Docupedia-Zeitgeschichte. Begriffe, Methoden und Debatten der zeithistorischen Forschung.
http://docupedia.de/zg/Bachmann-Medick_cultural_turns_v2_de_2019

Baetens, Jan und Mieke Bleyen (2010): Photo Narrative, Sequential Photography, Photonovels. In: Intermediality and Storytelling, hrsg. v. Marina Grishakova und Marie-Laure Ryan. Berlin: Walter de Gruyter, 165-182.

Baker, Lottie (2015): How Many Words Is a Picture Worth? Integrating Visual Literacy in Language Learning with Photographs. *English Teaching Forum*, americanenglish.state.gov/english-teaching-forum

Banks, Marcus und David Zeitlyn (2015): Visual Methods in Social Research. 2nd Edition. Los Angeles: Sage.

Barsalou, Lawrence W., Paula M. Niedenthal, Aron K. Barbey und Jennifer A. Ruppert (2003): Social Embodiment, , in: Brian H. Ross: The Psychology of Learning and Motivation. *Advances in Research and Theory. Amsterdam. Academic Press*, 43-9.

Barthes, Roland (1989): Die helle Kammer. Bemerkung zur Photographie. Aus dem Französischen von Dietrich Leube. Frankfurt a. M.: Suhrkamp.

Beloff, Halla (1983): Social Interaction in Photography. *Leonardo*, Vol. 16, No. 3, 165–171.

Belting, Hans (2007): Blickwechsel mit Bildern. Die Bildfrage als Körperfrage. In: Bilderfragen. Die Bildwissenschaften im Aufbruch, hrsg. v. Hans Belting. München: Wilhelm Fink Verlag, 49-76.

Benjamin, Walter (1963): Das Kunstwerk im Zeitalter seiner technischen Reproduzierbarkeit. Frankfurt a.M.: Suhrkamp.

Berger, John (2000): Erscheinungen. In: Eine andere Art zu erzählen, hrsg. v. John Berger und Jean Mohr: Frankfurt: Fischer.

Binotto, Johannes (2006): Bilder, die uns nichts mehr schuldig bleiben. ProLitteris Gazetta 40, 14-16.

Böhm, Birgit, Heiner Legewie und Hans-Luidger Dienel (2008): The Citizens' Exhibition: A Combination of Socio-scientific, Participative and Artistic Elements. *Forum Qualitative Social Research*, Vol. 9, No. 2, http://www.qualitative-research.net/index.php/fqs/article/view/380/830.

Bonfadelli, Heinz und Thomas N. Friemel (2017): Medienwirkungsforschung, 6. überarbeitete Auflage. Konstanz: UVK Verlagsgesellschaft.

Blood, Cybele und Joanne Cacciatore (2014): Parental Grief and Memento Mori Photography: Narrative, Meaning, Culture, and Context. *Death Studies*, Vol. 38, 224-233.

Boucher, Michael J. (2018): Using Photo-Methods to Empower Participants in Education Research. In: Handbook of Research on Innovative Techniques, Trends, and Analysis for Optimized Research Methods, hrsg. v. Victor C.X. Wang und Thomas G. Reio Jr. Hershey: IGI Global, 202-219.

Brake, Anna (2009): Photobasierte Befragung. In: Handbuch Methoden der Organisationsforschung. Quantitative und Qualitative Methoden, hrsg. v. Stefan Kühl, Petra Strodtholz und Andreas Taffertshofer. Wiesbaden: Springer, 369-388.

Brandes, Kerstin (2010): Fotografie und „Identität". Visuelle Repräsentationspolitiken in künstlerischen Arbeiten der 1980er und 1990er Jahre. Bielefeld: Transcript.

Brodersen, Sylvia (2017): Modefotografie. Eine fotografische Praxis zwischen Konvention und Variation. Bielefeld: Transcript.

Brown, Kirk Warren, Richard M. Ryan und David J. Creswell (2007): Addressing Fundamental Questions about Mindfulness. *Psychological Inquiry*, Vol. 18, No. 4, 272–281.

Buchanan, Rachel, Jill Scevak, Shamus Smith, Erica Southgate (2016): What do students understand about digital footprint management? Examining social media education for career guidance. *dice - Digital Identity, Curation & Education.* Conference Paper AARE.

Burgin, Victor (1982): Sex, Text, Politics. Interview von Tony Godfrey. *Block*, Vol. 7, 2-26.

Chan, Alvin, Brandon Brown, Enedina Sepulveda, Lorenna Teran-Clayton (2015): Evaluation of fotonovela to increase human papillomavirus vaccine knowledge, attitudes, and intentions in a low-income Hispanic community. *BMC Research Notes*, Vol. 8, 615.

Childs, Margie (2016): Reflecting on translanguaging in multilingual classrooms: Harnessing the power of poetry and photography. *Educational*

Research for Social Change, Vol. 5, No. 1, www.scielo.org.za/scielo.php?script=sci_arttext&pid=S2221-40702016000100003

Cohen, Jonathan und Aaron Meskin (2010): Photographs as Evidence. Photography and Philosophy: Essays on the Pencil of Nature, hrsg. v. Scott Walden. Oxford: Blackwell Publishing, 70-90.

Cohrs, Christian und Oer, Eva (2016): Generation Selfie. München: mvg Verlag.

Cortés, C. E. (2000). Children are watching: How the media teach about diversity. New York: Teachers College Press.

Crane, Susan A. (2008): Choosing not to look: representation, repatriation, and holocaust atrocity photography. *History and Theory, Middletown,* Vol. 47, No. 3, 309-330.

Degele, Nina (2004): Sich schön machen. Zur Soziologie von Geschlecht und Schönheitsidealen. Wiesbaden: VS Verlag.

Del Castillo, Fabiola (2002): Panel presentation on "Pizcando Sueños: Crossing Borders" at the Universidad de Antropolgía y Historia, Mexico, DF.

Delgado, Melvin (2015): Urban Youth and Photovoice. Visual Ethnography in Action. Oxford: Oxford University Press.

Diehl, Kristin, Gal Zauberman Gal und Alexandra Barasch (2016): How Taking Photos Increases Enjoyment of Experiences. *Journal of Personality and Social Psychology*, Vol. 111, No. 2, 119-140.

Dion, Delphine (2007): The Contribution made by Visual Anthropology to the Study of Consumption Behavior. R*echerche et Applications en Marketing*, Vol. 22, No. 1.

Dörfler, Hans-Diehter (2002): Das fotografische Zeichen. In: Fotografie und Realität. Fallstudien zu einem ungeklärten Verhältnis, hrsg. v. Julia Schmitt, Christian Tagsold, Hans-Diether Dörfler, Volker Hirsch und Beate Rabe. Wiesbaden: Springer, 11-23.

Dragan, Patt Barett (2008). Kids, cameras, and the curriculum: Focusing on learning in the primary grades. Portsmouth: Heinemann.

Douwe, Draaisma (1999): Die Metaphernmaschine. Eine Geschichte des Gedächtnisses. Darmstadt: Wissenschaftliche Buchgesellschaft.

Dubois, Philippe (1998): Der fotografische Akt. Versuch über ein theoretisches Dispositiv. Hamburg: Philo Fine Arts.

Eberle, Thomas S. (2017): Fotografie und Gesellschaft. Phänomenologische und wissenssoziologische Perspektiven. Bielefeld: Transcript.

Eisen, Daniel B. (2012): Developing a Cricital Lens: Using Photography to Teach Sociology and Create Critical Thinkers. *Teaching Sociology*, Vol. 40, No. 4, 349-359.

Emme, Michael J. und Anna Kirova (2010): Body/Image/Text: Fotonovela, Digital Technology and Poly-Media Narratives. In: Viewfinding. Perspectives on New Media Curriculum in the Arts, hrsg. v. Cathy Mullen und Janice Rahn. New York: Peter Lang, 167-182.

Engelke, Heike (2017): Geschichte wiederholen. Strategien des Reenactment in der Gegenwartskunst – Omer Fast, Andrea Geyer und Rod Dickinson. Bielefeld: Transcript.

Ewald, Wendy (2012). Introduction. In: Literacy & justice through photography: A classroom guide, hrsg. v. W. Ewald, K. Hyde und L. Lord. New York: Teachers College Press.

Fahrbach, Ludwig (2009): How the growth of science ends theory change. Synthese. https://www.phil-fak.uni-duesseldorf.de/fileadmin/Redaktion/Institute/Philosophie/Theoretische_Philosophie/Fahrbach/Paper/PMI%20Paper%20%20%20%20%20%20%20Synthese%20letzte%20Version%20pdf%20.pdf

Faris, James C. (2002): The Gaze of Western Humanism. In: The Anthropology of Media: A Reader, hrsg. v. Kelly Askew und Richard R. Wilk. Malden, MA: Blackwell, 77-91.

Ferchhoff, Wilfried (2011): Jugend und Jugendkkulturen im 21. Jahrhundert. Lebensformen und Lebensstile. Wiesbaden: VS Verlag.

Feyerabend, Paul (1975/2010): Against Method. Fourth Edition. New York: Verso.

Figueroa, Mónica G. Moreno (2008): Looking emotionally: photography, racism and intimacy in research. *History of the Human Sciences*, Vol. 21, No. 4, 68-85.

Fischer, Lorenz und Günter Wiswede (2009): Grundlagen der Sozialpsychologie. München: Oldenbourg.

Fischer, Volker (1984): Nostalgie. Geschichte und Kultur als Trödelmarkt. Luzern und Frankfurt am Main: CJ Bucher.

Flusser, Vilém (1983): Für eine Philosophie der Fotografie. Göttingen: European Photography.

Fromm, Karen (2013): Das Bild als Zeuge. Inszenierungen des Dokumentarischen in der künstlerischen Fotografie seit 1980. Dissertation Humboldt Universität zu Berlin, Philosophische Fakultät III.

Galuske, Michael (2013): Methode der Sozialen Arbeit. Eine Einführung (10. Aufl.). Weinheim und Basel: Beltz Juventa.

Garcia, Erin C. (2011): Photography as Fiction. Los Angeles: The J. Paul Getty Museum.

Gehrke, Claudia (2004): Anmerkungen zur Sexualität und Pornographie. *FZG–Freiburger Zeitschrift für GeschlechterStudien*, Vol. 15, 237-253.

Gell, A. (1999): 'Vogel's Net: Traps as Artworks and Artworks as Traps'. In: The Art of Anthropology, hrsg. v. E. Hirsch. London and New Brunswick, NJ: Athlone Press, 187–214.

Gombrich, E. H. (1974): "The Visual Image". In: Media and Symbols: The Forms of Expression, Communication, and Education. 73rd Yearbook of the National Society for the Study of Education, hrsg.v. D.R. Olsen. Chicago: University of Chicago Press.

Greenhow, Christine und Cathy Lewin (2015): Social media and education: reconceptualising the boundaries of formal and informal learning. Learning, Media, and Technology, Vo. 41, No. 1, 6-30.

Gyr, Ueli (2005): Kitschbilder? Bilderkitsch? Gedanken zur Bildsteuerung im Kitsch. In: Der Bilderalltag: Perspektiven einer volkskundlichen Bildwissenschaft, hrsg. v. Helge Gerndt und Michaela Haibl. Münster: Waxmann, 357-365.

Hannah, Adad (2013): Extending the Instantaneous: Pose, Performance, Duration, and the Construction of the Photographic Image from Muybridge to the Present Day. https://spectrum.library.concordia.ca/977197/1/Hannah_PhD_S2013.pdf

Harper, Douglas (2002). Talking About Pictures: A Case for Photo Elicitation. *Visual Studies*, Vol. 17, No. 1, 13–26.

Harrer, Michael E. und Halko Weiss (2016): Wirkfaktoren der Achtsamkeit – wie sie die Psychotherapie verändern und bereichern. Stuttgart: Schattauer.

Hartkemeyer, Martina, Johannes F. Hartkemeyer und L. Freeman Dhority (1998): Miteinander denken. Das Geheimnis des Dialogs. Berlin: Klett-Cotta.

Heisley, D. D. und Levy, S. J. (1991). Autodriving: A Photoelicitation Technique. *Journal of Consumer Research*, Vol. 18, No.3, 257-272.

Hertz, Garnet und Jussi Parikka (2012): Zombie Media: Circuit Bending Media Archaeology into an Art Method. *Leonardo*, Vol. 45, No. 5, 424-430.

Hesse, Klaus (2006): Bilder lokaler Judendeportationen. Fotografien als Zugänge zur Alltagsgeschichte des NS-Terrors, in: Visual History. Ein Studienbuch, hrsg. v. Gerhard Paul. Göttingen: Vandenhoeck & Ruprecht.

Hochman, Bernardo, Fabio Xerfan Nahas, Lydia Masako Ferreira (2005): Fotografia aplicada na pesquisa clínico-cirúrgica. Photography in medical research. *Acta Cirúrgica Brasileira*, Vol. 20, 19-25.

Hoffmann, Wilhelm (2005): Politische Identität – visuell. Theoretische Anmerkungen zur visuellen Konstruktion politischer Identität. In: Politische Identität – visuell. Studien zur visuellen Politik, hrsg. v. Wilhelm Hoffmann und Franz Lesske. Münster: LIT Verlag.

Hoffmann, Caroline (2020): Klimaaktivistin Nakate. Sie passte nicht ins Bild. *Tagesschau.* https://www.tagesschau.de/ausland/nakate-fridays-for-future-101.html

Ibric, Almir (2010): Bilder und Tatowierungen im Islam. Eine Einfuhrung in die Ethik und Asthetik des Polytheismusverbots. Wien: LIT Verlag.

Illing, Frank (2006): Kitsch, Kommerz und Kult. Soziologie des schlechten Geschmacks. Konstanz: UK Verlagsgesellschaft.

Jakob, Bettina (2007): Die Regeln der Schönheit. Das Online-Magazin der Universität Bern. https://www.uniaktuell.unibe.ch/2007/die_regeln_der_schoenheit/index_ger.html

Jäger, Jens (1995): Gesellschaft und Photographie. Formen und Funktionen der Photographie in Deutschland und England 1839-1860. Wiesbaden: Springer.

Jäger, Jens (2009): Fotografie und Geschichte. Frankfurt: Campus Verlag.

Jarldorn, Michele (2019): Photovoice Handbook for Social Workers. Method, Practicalities and Possibilities for Social Change. Cham: Palgrave Macmillan.

Jenks, Chris (2005): Subculture. The Fragmentation of the Social. London: Sage Publications.

Jerrentrup, Maja Tabea (2020): Kein Fokus auf das Foto. Fotografieren als Aktivität. Kommunikation@Gesellschaft. https://www.ssoar.info/ssoar/handle/document/66605

Jerrentrup, Maja Tabea (2018): Therapie vor der Kamera? Zum Potential inszenierter Menschenfotografie. Münster: Waxmann.

Joffe, Helene (2011): Thematic analysis. In: Qualitative methods in mental health and psychotherapy: A guide for students and practitioners, hrsg. v. D. Harper und A.R. Thompson. Chichester: Wiley, 209-223.

Jünemann, Ann-Kathrin (2016): Selbstwert und Selbstvertrauen. In: Psychologie der Werte: Von Achtsamkeit bis Zivilcourage – Basiswissen aus Psychologie und Philosophie, hrsg. v. Dieter Frey. Berlin: Springer, 187–200.

Jurgenson, Nathan (2011): The Faux-Vintage Photo. The society pages. Cyberology. http://thesocietypages.org/cyborgology/2011/05/14/the-faux-vintage-photo-full-essay-parts-i-ii-and-iii .

Kabat-Zinn, Jon (2012) : Mindfulness for Beginners. Reclaiming the present moment – and your life. Boulder, CO: Sounds True Inc.

Kansy, Laura und Oskar Zoche (2019) : Strangers. Film, gezeigt auf dem GIEFF 2020, 13.05.2020.

Kirova, Anna und Michael J. Emme (2011) : Immigrant Children's Understanding of Nonverbal Peer Interactions Through the Development of Visual Narratives. In: Global Migratio and Education. Schools, Children, and Families, hrsg. v. Leah D. Adams und Anna Kirva. New York : Routledge, 151-168.

Klemm, Michael (2006): World Wide Web: Politische Kommunikation online gestalten. In: Handbuch Medienrhetorik, hrsg. v. Arne Scheuermann und Francesca Vidal. Berlin: Walter de Gruyter, 525-544.

Knaller, Susanne und Harro Müller (2000): Authentisch/Authentizität. In: Ästhetische Grundbegriffe Bd. 1, hrsg. v. Karl-Heinz Barck. Stuttgart: Mentis, 40-65.

Konegen N. und K. Sondergeld (1989): Was ist eine Methode? In: Analyse internationaler Beziehungen, hrsg. v. J. Bellers und W. Woyke. Wiesbaden: VS Verlag für Sozialwissenschaften.

Kracauer, Siegfried (1977): Das Ornament der Masse. Frankfurt: Suhrkamp.

Krause, Rainer (1972): Kreativität. Untersuchungen zu einem problematischen Konzept. München: Wilhelm Goldmann Verlag.

Krüger, Oliver (2012): Die mediale Religion. Probleme und Perspektiven der religionswissenschaftlichen und wissenssoziologischen Medienforschung. Bielefeld: Transcript.

Lackner, Thomas (2014): Computerspiel und Lebenswelt: Kulturanthropologische Perspektiven. Bielefeld: Transcript.

Laudan, Larry (1981): A Confutation of Convergent Realism. *Philosophy of Science*, Vol. 48, 19-49.

Lazarsfeld, Paul F., Bernard Berelson und Hazel Gaudet (1944/1968): The People's Choice. How the Voter Makes up his Mind in a Presidential Campaign. New York: Duell, Sloan and Pearce.

Leal, Caroline Cândido Garcia, Flávia Azevedo Gomes-Sponholz, Fabiana Villela Mamede, Marta Angélica Iossi Silva, Nathália Teresinha Baptista Oliveira, Adriana Moraes Leite (2018): Photovoice: method experiment research with adolescent mothers. *Escola Anna Nery Revista*, Vol. 22, No. 3, https://www.scielo.br/scielo.php?pid=S1414-81452018000300701&script=sci_arttext

Levie, W. Howard und Richard Lentz (1982): Effects of text illustration: A review of research. *Educational Communications and Technology Journal*, Vol. 30, No. 4, 195-232.

Lindner, Wulf-Volker (2011): Inside Out – Innere und äußere Realität im therapeutischen, kreativen und rezeptiven Prozess. In: Äußere und innere Realität. Theorie und Behandlungstechnik der Psychoanalyse im Wandel, hrsg. v. Peter Diederichs, Jörg Frommer und Franz Wellendorf. Stuttgart: Klett-Cotta, 71-82.

Linthout, Gisela (2004): Handlungsorientierter Fremdsprachenunterricht. Ein Trainingsprogramm zur Kompetenzentwicklung für den Beruf. Amsterdam und New York: Rodopi.

Lipp, Thorolf (2015): Spielarten des Dokumentarischen: Einführung in Geschichte und Theorie des Nonfiktionalen Films. Marburg: Schüren Verlag.

Lippl, Bodo und Wohler, Ulrike (2011): „Germany's next Topmodel – by Heidi Klum" als Schule ästhetischen Auftretens. Unterhaltung und normative Strategie zur Durchsetzung eines Schönheitsideals. In: Ästhetisierung des Sozialen. Reklame, Kunst und Politik im Zeitalter visueller Medien, hrsg. v. Lutz Hieber und Stephan Moebius. Bielefeld: Transcript, 227-260.

Loftus, Elizabeth F. (1998): Illusions of Memory. *Proceedings of the American Philosophical Society*. Vol. 1, 60-73.

Lykes, M. Brinton (2001): Creative arts and photography in participatory action research in Guatemala. In: Handbook of Action Research, hrsg. v. Peter Reason and Hilary Brabury. London: Sage, 363-371.

Magg, Rosaly (2013): Die Fremde im Sucher. Der fotografische Blick auf Reisen. *Mosamik-Rundbrief*, Vol. 86, 43-46.

Mannonen, Petri, Hannu Kuoppala und Mika P. Nieminen (2003): Photography Based Artefact Analysis. In: Human-Computer Interactions – Interact'03, hrsg. v. M. Rauterberg. Amsterdam: IOS Press, 833-836.

McLuhan, Marshall (1964): Understanding Media: The Extensions of Man. New York: McGraw-Hill.

Mead, Margaret und Francis Macgregor (1951): Growth and Culture. New York: Putnam.

Miller, Daniel und Jolynna Sinanan (2017): Visualising Facebook. A Comparative Perspective. London: UCL Press.

Mitchell, W.J.T. (2009): Vier Grundbegriffe der Bildwissenschaft. In: Bildtheorien. Anthropologische und kulturelle Grundlagen des Visualistic Turn, hrsg. v. Klaus Sachs-Hombach. Frankfurt am Main: Suhrkamp, 319-327.

Mittelstraß, Jürgen (1984): Enzyklopädie Philosophie und Wissenschaftstheorie, Bd. 2, Wiesbaden: Springer.

Mónica G. Moreno (2008): Looking emotionally: photography, racism and intimacy in research. *History of the Human Sciences*, Vol. 21, 68-85.

Müller, Marion G. und Thomas Knieper (2019): Terror der Bilder – Visuelle Kommunikation in Krieg und Terrorismus. In: Handbuch Visuelle Kommunikationsforschung, hrsg. v. Katharina Lobinger. Wiesbaden: Springer, 145-179.

Mundt, Christoph (2009): Neurobiologische Aspekte kreativer Therapie. In: KunstReiz. Neurobiologische Aspekte künstlerischer Therapien, hrsg. v. Ruth Hampe, Philipp Martius, Dietrich Ritschl, Flora von Spreti und Peter B. Stadler. Berlin: Frank & Timme, 91-104.

Naef, Silvia (2007): Bilder und Bilderverbot im Islam: vom Koran bis zum Karikaturenstreit. München: C.H. Beck.

Orobitg Canal, Gemma (2004): Photography in the field. Word and image in ethnographic research..In: Working Images. Visual Research ad Representation in Ethnography, hrsg. v. Ana Isabel Alfonnso, Laszlo Kurti und Sarah Pink. London: Routledge, 31-44.

Osborne, Peter D. (2000): Traveling Light: Photography, Travel and Visual Culture. Manchester: Manchester University Press.

Pandel, Hans-Jürgen (2011): Bildinterpretation. Die Bildquelle im Geschichtsunterricht. Bildinterpretation I. Schwalbach: Wochenschau Verlag.

Pariser, Eli (2011): The Filter Bubble: What the Internet is Hiding from You. London: Penguin.

Partington, Anthony (2010): Game literacy, gaming cultures and media education. *English Teaching: Practice and Critique*, Vol. 9, No. 1, 73-86.

Parvez, N. (2011). Visual representations of poverty: The case of Kroo Bay, Freetown. City, Vol. 15, No. 6, 686-695.

Paul, Christiane (2006): Flexible Contexts. Democratic Filtering and Computer-Aided Curating: Models for Online Curatorial Practice. In: Curating Immateriality, hrsg. v. Joasia Krysa . New York: Autonomedia, 81-101.

Pauwels, Luc (2015). Reframing visual social science: towards a more visual sociology and anthropology. Cambridge: Cambridge University Press.

Pavlich, George (2009): The Subjects of Criminal Identification. *Punishment & Society*, Vol. 11, No. 2, 171-190.

Peek, Rainer und Wolfgang Tietze (1994): Fernsehen, Bücher, Kassette: Daten zur Nutzung durch drei-bis sechsjährige Kinder. In: Handbuch Medienerziehung im Kindergarten, hrsg.v. Christine Feil, Ulf Lehnig, H. Gerhard Beisenherz und Maria Furtner-Kallmünzer. Opladen: Leske + Budrich, 95-110.

Perry, Beth (2006): Using photographic images as an interactive online teaching strategy. *The Internet and Higher Education*, Vol. 9, No. 3, 229-240.

Pictures of Identity (2016): Pictures of Identity, www.picturesofidentity.com.

Pittig, Andre und Peter Neudeck (2017): Exposition. *Zeitschrift für Klinische Psychologie und Psychotherapie*, Vol. 46, 220-222.

Potreck-Rose, Friederike und Jacob, Gitta (2010): Selbstzuwendung, Selbstakzeptanz, Selbstvertrauen. Psychotherapeutische Interventionen zum Aufbau von Selbstwertgefühl. Stuttgart: Klett-Cotta.

Rabinowitz, P. und C. Holt (2013): The Community Toolbox. Manhattan: University of Kansas. https://ctb.ku.edu/en/table-of-contents/assessment/assessing-community-needs-and-resources/photovoice/main

Ranger, Terence (2001): Colonialism, Consciousness and the Camera. *Past & Present*, Vol. 171, 203-215.

Reckwitz, Andreas (2012): Die Erfindung der Kreativität. Zum Prozess gesellschaftlicher Ästhetisierung. Berlin: Suhrkamp.

Retief, Glen (2003): Kitsch and the Art of Wildlife Painting. *Massachusetts Review*, Vol. 44, No. 4, 677-687.

Riener-Hofer, Reingard (2015): Bildgebung zum Zwecke der Analyse krimineller Handlungen Forenigraphie. In: Die Vermessung der Seele. Geltung und Genese der Quantifizierung von Qualia, hrsg. v. Christian Bachhiesl, Sonja Maria Bachhiesl und Stefan Köchel. Münster: LIT Verlag, 93-100.

Riener-Hofer, Reingard (2017): Forensigraphie – Treffpunkt zwischen Recht und Bildgebung. In: Forensigraphie. Möglichkeiten und Grenzen IT-gestützter klinisch-forensischer Bildgebung, hrsg. v. Christian Bergauer, Reingard Riener-Hofer, Thorsten Schwark und Elisabeth Staudegger. Wien: Jan Sramek Verlag. https://cfi.lbg.ac.at/files/sites/cfi/2017_sonderdruck_forensigraphie_riener_hofer.pdf

Rogers, Carl (1972): Die klientenzentrierte Psychotherapie. München: Kindler.

Röhr-Sendlmeier, Una M., Irina Götze und Rebecca Stichel (2008): Medienerziehung in der Familie: Regeln und Motive, Umfang und Auswirkungen der Nutzung von Computer, Fernseher und Videokonsole. *Zeitschrift für Familienforschung*, Vol. 20, No. 2.

Roncallo, Sergio und Juan Carlos Arias Images of the unimaginable (2013): photography and the (re)presentation of the event. *Discursos footgráficos*. Vol. 9, No. 14, 141-172.

Rouillé, André und Bernard Marbot (1986): Le Corps et son Images: Photographies du Dix-Neuvième Siècle. Paris: La Rochelle.

Rubinkowska-Aniol, Hanna (2017): Antika – Ethiopian Airport Art as a Construction of Tradition, in: The Artistic Traditions of Non-European Cultures, Vol. 5, hrsg. v. Aneta Pawlowska, Adam Drozdowski und Agnieszka Kaczynska. Warsaw: Tako, 113- 128.

Sartwell, Crispin (2004): Six Names of Beauty. New York and London: Routledge.

Sarvas, Risto und David M. Frohlich (2011): From Snapshots to Social Media – The Changing Picture of Domestic Photography. London: Springer.

Sauer, Michael (2000): Stichworte zur Geschichtsdidaktik. Bilder. Geschichte in Wissenschaft und Unterricht. *Zeitschrift des Verbandes der Geschichtslehrer Deutschlands*, Vol. 51.

Schänzel, Heike A. und Karen A. Smith (2011): Photography and Children: Auto-driven Photo-elicitation. *Tourism Recreation Research*, Vol. 36, No. 1, 81-85.

Schildkrout, Enid 2004: Inscribing the body. *Annual Review of Anthropology*, Vol. 33, 319-344.

Schmerl, Christiane (1992): Kunst – Kommerz – Kommunikation. Die Gewalt der Bilder. In: Frauenzoo der Werbung. Aufklärung über Fabeltiere, hrsg. v. Christiane Schmerl. München: Verlag Frauenoffensive, 157-178.

Schrey, Dominik (2015): Retrofotografie: Die Wiederverzauberung der digitalen Welt. *MEDIENwissenschaft* 01. https://archiv.ub.uni-marburg.de/ep/0002/issue/view/102

Schröter, Jens (2004): Das Ende der Welt. Analoge vs. digitale Bilder - mehr und weniger ‚Realität'? In: Analog/Digital - Opposition oder Kontinuum? Zur Theorie und Geschichte einer Unterscheidung, hrsg. v. Jens Schröter und Alexander Böhnke. Bielefeld: transcript, 335-354.

Schuster, Martin (2020): Fotopsychologie. Fotos sehen, verstehen, gestalten. 3. Aufl. Berlin: Springer.

Sharma, Vijay Prakash (2014): Use of photography in Anthropological Research: Asian Example. *Conference on Anthropology and Photography by the Royal Anthropological Institute*, London, 29-31 May 2014.

Sensoy, Ö. (2010). "Ickity-ackity open sesame": Learning about the Middle East in images. In: Critical global perspectives: Rethinking knowledge about global societies, hrsg. v. Binaya Subedi. Charlotte, NC: Information Age Publishing, 39-55.

Share, Jeff (2015): Cameras in Classrooms: Photography's Pedagogical Potential. In: Essentials of Teaching and Integrating Visual and Media Literacy, hrsg. v. Danilo M. Baylen und Adriana D'Alba. Cham: Springer, 97-118.

Silverblatt, Art, Andres Smith, Don Miller, Julie Smith und Nikole Brown (2014): Media Literacy. Keys to Interpreting Media Messages, 4th edition. Santa Barbara: Praeger.

Sökefeld, Martin (2001): Der Kulturbegriff in der Ethnologie und im öffentlichen Diskurs – eine paradoxe Entwicklung? In: „Fremde Kulturen" im Geographieunterricht. Analysen – Konzeptionen – Erfahrungen, hrsg. v. Georg Stöber. Hannover: Georg Eckert Institut, 119-137.

Solomon-Godeau, Abigail (1991): „Who Is Speaking Thus? Some Questions about Documentary Photography", in: Photography at the Dock. Essays on Photographic History, Institutions, and Practices, hrsg. v. Abigail Solomon-Godeau. Minneapolis: University of Minnesota Press, 169-183.

Spence, Jo (1986): Putting Myself in the Picture: A political, personal and photographic autobiography. London: Camden Press.

Spence, Jo (1995): Cultural sniping: The art of transgressing. London: Routledge.

Spencer, Stephen (2011): Visual Research Methods in Social Sciences. Awakening Visions. New York: Routledge.

Staemmler, Frank-M. (2009): Das Geheimnis des Anderen – Empathie in der Psychotherapie. Wie Therapeuten und Klienten einander verstehen. Stuttgart: Klett-Cotta.

Statista (2020): Interesse der Bevölkerung in Deutschland am Fotografieren von 2015 bis 2019. https://de.statista.com/statistik/daten/studie/170924/umfrage/interesse-am-fotografieren/

Stolz, Jörg, Judith Könemann, Mallory Schneuwly Purdie, Thomas Englberger and Michael Krüggeler 2016: (Un)Believing in Modern Society. Religion, Spirituality, and Religious-Secular Competition. London und New York: Routledge.

Ströhl, Andreas (2014): Medientheorien kompakt. Konstanz: UTB.

Strother, Z.S. (2013): "A Photograph Steals the Soul": The History of an Idea. In: Portraiture & Photography in Africa, hrsg. v. John Peffer und Elisabeth L. Cameron. Bloomington and Indianapolis: Indiana University Press, 177-212.

Subedi, Binaya (2013): Photographic Images of Refugee Spatial Encounters: Pedagogy of Displacement. *Qualitative Research in Education*, Vol. 2, No. 3, 277-301.

Suominen, Anniina (2006): Writing with photographs writing self: Using artistic methods in the investigation of identity. *International Journal of Education Through Art*, Vol. 2, No. 2, 139-156.

Tajfel, H. und Turner, J.C. (1986): The social identity theory of intergroup behavior. In: Psychology of intergroup relations, hrsg. v. S. Worchel und W.G. Austin. Chicago: Nelson-Hall, 7-24.

Theye, Thomas (1998): Photographie, Ethnographie und physische Anthropologie im 19. Jahrhundert: Ein Überblick für den deutschen Sprachraum. *Revista de dialectología tradiciones populares*, Vol LIII, No. 1, 49-73.

Thurner, Ingrid (1992): Tourismus und Fotografie. *Fotogeschichte: Beiträge zur Geschichte und Ästhetik der Fotografie,* Vol. 12, No. 44, 23-42, https://nbn-resolving.org/urn:nbn:de:0168-ssoar-12851

Tuschling, Anna (2020): Methoden sind politisch. *Zeitschrift für Medienwissenschaft*, Vol. 22, No. 1, 173-178.

Unger, Jennifer B., Gregory B. Molina und Melvin Baron (2009): Evaluation of Sweet Temptations, a Fotonovela for Diabetes Education. *Hispanic Health Care International*, Vol. 7, No. 3, 145-152.

Unger, Jennifer B., Leopoldo J. Cabassa, Gregory B. Molina, Sadra Contreras und Melvin Baron (2013): Evaluation of a Fotonovela to Increase Depression Knowledge and Reduce Stigma Among Hispanic Adults. *Journal of Immigrant and Minority Health*, Vol. 15, No. 2, 398-406.

Van Dijk, José, 2008, Digital photography: communication, identity, memory. *Visual Communication Journal*, Vol. 7, 57-76.

Von Lübke, Marc (2014): Frühe Bildmanipulationen. Als die Fotos lügen lernten. *Der Spiegel*. https://www.spiegel.de/einestages/bildmanipulation-falsche-fotos-vor-der-digital-aera-a-996453.html

Winkler, Hartmut (2008): Basiswissen Medien. Frankfurt am Main: Fischer.

Wolak, Magdalena (2008): Soziale Macht der Schönheit – Berufsschönheit – Model. Hamburg: Diplomica.

Woodward, Gary C. und Robert E. Jr. Denton (1996): Persuasion and Influence in American Life. 3rd edition. Prospect Heights: Waveland Press.

Wright, Terence (1999): The Photography Handbook. London: Routledge.

Zillien, Nicole (2008): Auf der anderen Seite. Zu den Ursachen der Internet-Nichtnutzung. *Medien & Kommunikationswissenschaft* Vol. 56, No. 2, 209-226.